From the Winds of Manguito
Desde los vientos de Manguito

World Folklore Series Advisory Board

From the Winds of Manguito
Desde los vientos de Manguito

Cuban Folktales in English and Spanish
Cuentos folklóricos de Cuba, en inglés y español

Retold by Elvia Pérez
Translated by Paula Martín

Edited by Margaret Read MacDonald

Illustrated by Victor Francisco Hernández Mora

World Folklore Series

Westport, Connecticut • London

British Library Cataloguing in Publication Data is available.

ISBN: 1-59158-091-9

First published in 2004

Libraries Unlimited, 88 Post Road West, Westport, CT 06881
A Member of the Greenwood Publishing Group, Inc.
www.lu.com

Printed in the United States of America

The paper used in this book complies with the Permanent Paper Standard issued by the National Information Standards Organization (Z39.48–1984).

10 9 8 7 6 5 4 3 2 1

Musical notation provided by Winifred Jaeger.

Contents

Part II:
The Tales

Agradecimientos

Quiero agradecer a la vida el haber nacido en Manguito, un *batey* rural del poblado de San Antonio de las Vueltas, un lugar lleno de encanto y de historias donde se asentó mi familia desde el lejano siglo XVIII y que ya no existe mas que en la memoria.

A mi abuela Luz, por haber tenido tiempo y paciencia para recorrer conmigo los caminos de ese *batey* observando la naturaleza, cosas de las que aun se nutre mi imaginación.

A Susana, una prima de mi madre, que me contaba las historias que aprendió de aquel lugar y que ya no recuerda, pero que gracias a sus palabras ahora viven en mí.

A mi padre, que contó sin proponérselo tantas historias fantásticas y cantó tanto que afinó mis oídos para ambos.

A mi madre, por haber estado siempre a mi lado.

A mi esposo, que por amor ha sostenido mi trabajo durante vientiséis anos, y a mis hijos, que han sido el taller donde ensayé mis primeros cuentos y canciones.

A tantos primos con los que pase allí vacaciones inolvidables y que le dieron color a mi imaginación.

A mi hermana, y a todos mis sobrinos queridos.

A los narradores: Miriam Broderman que me puso en el camino; Francisco Garzón y Mayra Navarro que me dieron las primeras lecciones; y a Coralia Rodríguez y Silvia Tellería que han compartido conmigo este empeño a través de ContArte.

A mis amigos todos, los que fueron, los que son, los que serán porque han sido y son la necesaria mirada del otro sin la cual no existimos.

Y muy especialmente a la persona que ha hecho possible este sueño, a la reconocida narradora y escritora Margaret Read MacDonald, que ideó, alentó y editó este libro, y a la infatigable Paula Martín, que lo ha vestido con su mejor traje inglés al traducirlo.

—Elvia Pérez

Acknowledgments

I would like to give thanks to life for having been born in Manguito, a small rural house cluster that we call a *batey,* of the town San Antonio de las Vueltas. This was a place of enchantment and of stories, where my family had settled in the eighteenth century, a place that exists now no more, only in memory.

To my grandmother, Luz, for having the time and patience to walk with me through the roads of this *batey* observing nature, something that still nurtures my imagination.

To Susana, a cousin of my mother, who told me the stories she had learned of this place, stories that she doesn't remember anymore, but that, thanks to her words, still live in me.

To my father, who casually told so many fantastic stories and who sang so much that my ears were attuned to both.

To my mother, for having been always at my side.

To my husband, who through his love has sustained my work during twenty-six years, and to my children, who provided the laboratory in which I tried out my first stories and songs.

To all my cousins, with whom I passed so many unforgettable vacations and who gave color to my imagination.

To my sister, and to all my dear nieces.

To the storytellers: Miriam Broderman, who set me on this road: Francisco Garzón and Mayra Navarro, who gave me my first lessons; to Coralia Rodríguez and Silvia Tellería, who have shared with me this endeavor through ContArte.

To all my friends, those who were, those who are, those who will be. For it is necessary to look at ourselves through others, without whom we do not exist.

And very especially to the person who has made possible this particular dream, to the well-known storyteller and writer, Margaret Read MacDonald, who imagined, encouraged, and edited this book. And to the indefatigable Paula Martín, who has clothed in her best English raiment, this translation.

—Elvia Pérez

Introduction

Elvia Pérez is a dynamic figure in the Cuban storytelling community. She helps produce the week-long Jornadas ContArte, which is held biannually in May. In 2001 I had the good fortune to be invited to this event and meet Elvia and her storytelling friends. For a whole week, these tellers meet every afternoon to perform for each other. They critique, share ideas, and luxuriate in the parade of beautifully told stories. In the evenings and on the weekend, performances are held for the general public in museums, theaters, schools, and libraries. Tellers come to Habana from all over Cuba to share tales. It was a delight to enjoy the diversity of Hispanic and Afro-Cuban traditions in both tellers and tales.

Fortunately Elvia was eager to share Cuba's folktales with English-speaking audiences, and the Argentine teller Paula Martín was willing to help with translation for these tales. Paula was a participant at the Jornadas ContArte, and being able to hear Elvia's tales firsthand gave her an ability to translate with an ear for Elvia's style.

Telling is very active in Habana and is alive and well also in other parts of the country. A Bienal de Oralidad is held every other year in Santiago de Cuba, and telling groups are active in Guantánamo, Camaguey, Villa Clara, Las Tunas, Holguín, and Matanzas.

Folktale collecting has also been actively pursued in Cuba. Elvia Pérez was able to draw on the excellent collections of Martha Esquenazi Pérez, Lydia Cabrera, and Samuel Feijóo to add to her own sizable repertoire of Cuban folktales. But many of the stories in this collection were heard by Elvia from other tellers. She heard tellers within her own family circle in Manguito and heard stories from Santería priests Jorge Padrón, Babayobbe en Ifa and the priestesses Concepción Aramburu, Oshún Kolé, and Haydée López Oshún Leti.

We hope you will enjoy these tales. See the color plate section for photographs of some of Cuba's lively contemporary storytellers.

—Margaret Read MacDonald

Translator's Note

About the Translation Process

The translation process of this book was done with special care. We wanted the stories to be translated accurately, but we also wanted them to sound beautiful in both languages, so we wrote and rewrote until this delicate balance could be reached. We kept many Cuban expressions in the English versions to maintain that unique flavor that added to the tale's beauty and included notes for them. We worked on rhymes and chants to make them sound good in both languages.

How This Book Came to Be

On a warm Sunday afternoon in May 2001, Margaret, Elvia, and I were sitting on Elvia's terrace. Each one came from a different part of the world, yet we all shared our love for stories and storytelling. There was a cool breeze running by that brought us wonderful smells and the sounds of an improvised rumba from a nearby house. They were beating on bottles, glasses, tables, cans—anything was good enough for making music. We heard other neighbors shouting: "Wait for me!" and soon more people joined the percussion orchestra.

This memory that I cherish is what synthesizes Cuba for me. The music, the rhythm, the friendliness of its people, the warmth . . .

That afternoon we dreamed about the book that you now hold on your hands.

I hope that through these stories you can travel all the way to Elvia's terrace, sit next to the coconut tree, feel the breeze and its wonderful smells, hear the music and . . . join in!

—Paula Martín

Nota de la traductora

Respecto a la traducción en sí

El proceso de traducción de este libro se llevó a cabo con especial cuidado. Queríamos que las historias estuvieran correctamente traducidas, pero también queríamos que fueran bellas en ambos idiomas. Por este motivo, escribimos y re-escribimos hasta lograr alcanzar este delicado balance. Hemos conservado muchas expresiones típicamente cubanas en las versiones en inglés, para poder mantener ese sabor especial que embellecía el cuento. Agregamos las notas correspondientes en cada uno de estos casos. Trabajamos en las rimas y los cánticos para que sonaran bien en ambos idiomas.

Cómo surgió este libro

En una tarde cálida de domingo en abril de 2001 Margaret, Elvia y yo estábamos sentadas en la terraza de Elvia. Cada una de nosotras provenía de un lugar del mundo diferente, sin embargo nos unía el amor por los cuentos y la narración. Una brisa fresca nos acercaba olores maravillosos y los sonidos de una rumba improvisada en la casa de algún vecino. Se escuchaban golpes en botellas, vasos, mesas, latas—todo servía para hacer música. Escuchamos o otros vecinos gritar: "Voy!" y pronto más personas se unían a la orquesta de percusión.

Ese recuerdo lo guardo profundamente en mi corazón pues sintetiza lo que es Cuba para mí. La música, el ritmo, la gente tan amigable, la calidez . . .

Esa tarde soñamos con este libro que usted tiene entre sus manos.

Espero que a través de estas historias, pueda viajar hasta la terraza de Elvia, sentarse mirando al cocotero, sienta la brisa y los aromas, escuche la música . . . y se una a ella.

—Paula Martín

Part I

About Cuba and Its Folklore

Cuban Folklore

The Origins of Cuban Folktales

Cuba is an island on which many cultures have mixed. When Christopher Columbus first saw Cuba, he called it "the most beautiful land human eyes have ever seen." The Tainos and Ciboneyes Indians lived on the island at that time. Brutalities and diseases brought by the Europeans soon practically exterminated these native peoples. But a few of their myths and legends live on to this day.

Soon wave after wave of Spaniards had come to occupy the island, bringing with them their own customs and traditions, and their own language. The Spanish came from many places, but the group that left the strongest influence on Cuban folklore comprised immigrants from the Canary Islands, who often came with their entire families. The women among these immigrants provided a natural archive of songs and stories, which they passed on to their children.

Then slaves arrived from Africa. Men, woman, and children were taken by force from their native lands and brought to Cuba to work the fields. With them they brought their native rhythms, languages, and cultures. Their music, dance, and stories became an integral component of Cuban folklore.

Echoes of other cultures, too, have lent their flavor to Cuban folklore. Workers have been imported from China, Italy, France, Germany, Jamaica, Haiti, and Japan, as well as from the Middle East and the Americas. Each has contributed to the folkloric mix of Cuba.

Hearing Stories When I Was Young

San Antonio de las Vueltas is a tiny town in the province of Villa Clara in the central area of the island of Cuba. My family settled there in the nineteenth century; some of my ancestors came from Spain, others from Italy. All immigrants soon became a part of the Cuban people. Everyone worked to cultivate the land. My family lived in a neighborhood of tiny houses grouped together—a house cluster known by the aboriginal word *batey*. There I was born and lived until I was four. Then my parents left their home and moved to the capital city in search of new horizons. I still remember the stories my paternal grandmother told me as I walked with her along the paths of the *batey*.

From the city we visited our *batey* of Manguito, where my maternal grandfather still lived. We looked for any occasion to go there—Christmas, Holy Week, school vacations. Nothing could stop us! During the revolution when Ché Guevara was involved in the battle of Santa Clara, communications were cut and buses stopped at the border of this province. But we just walked on with our packages, to try and spend New Year's with our aunt. I was only seven years old at the time, and fortunately a friend of the family saw us and gave me a ride on his motorcycle. Other times we hitched a ride in the back of a truck or walked to reach my grandfather's house. Most of my family had lived there until development changed the small agricultural community into a cooperative, and the youngsters pleaded to go live in a more populated place where we could go to school.

The memories I hold from this time are some of the most beautiful of my life. Almost all of the things that make me a creative person come from these memories. But the thing I owe most to San Antonio de las Vueltas is the marvelous stories told by my grandmother Luz or by my father, by my cousin Susana, by my uncles and cousins, and so many persons of the countryside, who used fantastic stories and humorous tales to fill the nights when our family got together. Or to lighten the days of work in the fields.

Years later as an adult, when I was married with my own children, I returned to the village to show my children this corner of the island where I was born. But all was changed. The *batey* had disappeared, and my grandparents had moved to a small house in the pueblo of San Antonio de las Vueltas, where they later died. All of our large family of uncles, aunts, and cousins had moved—some to the city, others out of the country. Of this magical space of discovery and happiness, nothing remained but the memories that I treasure, and the songs and stories that I had once learned here from the members of my family.

It is because of this that I now bring out those memories and have written them down on paper, so that they should not disappear like my *batey*. So with the vision of my older years, I make this homage to my village and the family into which I was born. Without knowing it, they filled my saddlebag with fantasies. So that now I can take out stories I learned from them and stories I have met on life's road, and turn them to my use as a narrator of stories. But all are used with the same desire: to bring happiness to other people, just as happiness was given to me.

The Study of Folktales in Cuba

In 1923 the Sociedad de Folklore Cubano was founded with a journal, *Archivos del Folklore Cubano.* Afro-Cuban stories were collected and began to appear in this journal. About this same time, Lydia Cabrera began to collect Afro-Cuban folktales and folklore and publish them in books such as *El Monte* and *Cuentos Negros de Cuba.*

Ramón Guirao published *Cuentos y Leyendas Negras de Cuba,* and Rómulo Lachateré wrote *Oh mio yamayá!* Another important folklore collector was Samuel Feijóo, who published journals such as *Islas* and *Signos* and produced many books of myths, legends, and stories.

In the first years of the revolution (which lasted for more than five years—1953 through the beginning of 1959), the Teatro Nacional de Cuba was created with a department of Folklore that had a journal, *Actas del folklore*. Later the Instituto de Etnología y Folklore was created and led to the collection of a great body of work by Miguel Barnet and Rogelio Martínez Furé.

From 1984 to 1990 a project called El Atlas Etnocultural de Cuba conducted a massive investigation into the country's popular traditions. Martha Esquenazi Peréz and María del Carmen Victori contributed to the Oral Literature section of the atlas. The establishment of a university chair, "Carolina Poncet," and another chair "María del Carmen Garcini," to study oral narration, promoted more investigation into Cuba's folklore. Introduction of events such the Proyecto ContArte, la Bienal de Oralidad de Santiago de Cuba, and various theater festivals, provide evidence for the continued interest in the spoken word among Cubans. Such events continue the legacy of the oral tradition and reinvent the stories of Cuba for new generations.

Our Island of Cuba

The Geography of Cuba

Cuba is located in the zone of winds called *alisios.* They come from the northeast and pass on to the Atlantic Ocean. The winds from the sea and the land alternate during the day and night, lowering the temperatures. In some years these winds and others much stronger form in the Caribbean and the Atlantic, a place of hurricanes. These hurricanes come with heavy rain and strong winds, causing danger alerts throughout the country.

Because Cuba is in a tropical area, the climate is mild. Cuban summers are long, and the winters short. Winter simply means cooler weather with more rain and sometimes hurricanes from June to October. The agricultural production of Cuba is based on sugarcane, cacao, coffee, and tobacco.

On this island there are no large wild mammals or predators, but there are many birds, reptiles, insects, and mollusks. Some very ancient species, such as the almiquí and the manatee, have lived in these lands for millions of years. The almiquí (Cuban Solenodon) is a small, nocturnal, insect-eating animal, almost extinct, that is found only in Cuba.

Cuba's coastline includes many bays and peninsulas. Excellent fishing zones are the Gulf of Batabanó and the Gulf of Guacanayabo in the south of the country, and the area from Cárdenas to Nuevitas in the north. The Isla de Pinos, off the coast of Cuba, was named for its many pine trees. Recently the name of the island was changed to La Isla de la Juventud because young people from all over the world have come here to study.

The main mountain groups are the Cordillera de Guaniguanico, the mountains of Cuamuahaya, the Sierra Maestra, and the mountains of Nipe-Sagua-Baracoa. Cuba has extensive plains that take up the major part of the western and central areas of the country. The principal rivers of Cuba are the Cuyaguateje, Zaza, Cauto, and Toa.

The soils of Cuba are predominantly red, dark-brown, or yellow, all very productive for agriculture.

A Brief History of Cuba

Recent archeological finds suggest that a group, known as the *Levisa,* lived in Cuba around 6,000 B.C. Between 1200 B.C. and A.D. 700, the *Tainos* appeared. It is believed that there were around 100,000 people living in Cuba when the Spanish conquistadors arrived. These included the Tainos, the *Ciboneyes* (who were divided into two groups, *Cayo Redondo* and *Guayabo Blanco*), and a more primitive people, the Guanahatabeyes. Christopher Columbus reached Cuban shores October 27, 1492. With their armor, lances, and guns, the Spaniards easily took over the island and forced the native peoples into slavery in their gold mines and later on their plantations. The Indian population was soon decimated. Some died at the hands of the Spaniards or under the duress of the hard work. Others committed suicide en masse to avoid being enslaved.

Soon the plantation owners began to import African slaves to do their field-work. Some of these slaves managed to escape their brutal treatment by fleeing into the mountains and forming their own colonies. They became know as *cimarrones.*

Once the gold mines had been depleted, development turned to the growing of sugarcane, tobacco, cattle, and various fruits. The cultivation of tobacco required workers with more training than the slaves possessed, so immigrants from the Canary Islands, who specialized in the cultivation of vegetables and tobacco, were brought to the island. Not all of the Spanish people brought to Cuba were rich landowners. Many of the poorer classes immigrated, too. Some worked on the farms, others could make shoes, clothing, or run stores. Because trade was permitted only with Spain, a pirate trade started up with British, French, and Dutch ships dropping contraband on various shores in Cuba.

The Catholic Church arrived with the conquistadors and founded a church in each village and city. The Catholic Church was declared the official religion not only of the Spanish immigrants, called "Naturals," but also of those born in Cuba, called "Creoles," and even for the black slaves, who were required to take on this religion by force.

Around 1810 the middle class, professionals, and others began a movement for independence from Spain. In 1825 the colonial government began a period of repression, in an attempt to control the growing revolution movement. From 1830 to 1850 the slaves began to revolt, as they learned that slaves in other parts of the

Americas were achieving their freedom. Now Chinese and Indians from the Yucatan began to be imported to work in the fields.

In 1868 Carlos Manuel de Céspedes, a rich plantation owner, freed all of his slaves and declared the fight for independence. José Martí helped found the Partido Revolucionario Cubano in 1892 and spread news of the revolution through his newspaper, *Patria.* Martí died fighting for independence at Dos Rios in 1895. Three years later, in 1898, the war of independence ended, and Cuba was a free country.

Dictators such as Gerardo Machado and Fulgencio Batista led the country for years. At last the country could take no more, and Fidel Castro led a movement to overthrow Batista. Begun in 1953 with an assault on the Cuartel Moncada in Santiago de Cuba, the revolution continued until January 1, 1959, when the country came under a social system with Castro as leader. This new system favored the dispossessed of previous years and set up a social system that would eradicate illiteracy, drunkenness, and exploitation and which would bring access to culture and development for everyone.

A cultural movement has been developed throughout the country. Towns throughout the country promote cultural activities for people of all ages. Published journals support the literary movement, and continuous work is done in the preservation of cultural traditions as part of the country's identity.

Significant achievements have been made in sports, health, education, and scientific research. Today the economy is based on the sugar industry and the newborn tourism industry, which has helped in the country's economic recovery.

Religion in Cuba

The religion imposed on Cuba by the colonial Spaniards was Catholicism. The slaves, however, brought their own religious beliefs with them from Africa. These beliefs have taken a strong hold in Cuba. The Regla de Ocha, or Santería, drawn from the Yoruba culture of Nigeria, is extremely popular in Cuba. The Regla de Palo Monte, or the cult of nganga, developed from the Bantu culture of the Congo. The practice of Santería was forbidden by the plantation owners and Catholicism was required. Santería got around this problem easily by simply assigning the role of Oshún to the Virgin Mary. In the case of the Regla de Palo, the Virgin Mary became Cholanguengue. Whatever the religion, the Virgin Mary is the patron saint of the country. La Virgen de la Caridad del Cobre is a particularly popular image of the Virgin Mary. The Virgin is believed to have rescued some sailors in this area, and her shrine is the scene of pilgrimages.

Traditional Cuban Children's Games

In Cuba there are many traditional children's games. They seem to have originated mostly from Spanish traditions. Among the best-known games for the youngest ages are the *rondas,* or circle games. "A la rueda, rueda" is the best-known of all Cuban singing games. Children of all ages play this game. "La pajaro pinta" (the Painted Parrot) is known throughout Latin America. These games appear in many forms, and they change with time and users, as does all folklore. "Amanbrocható," for example, is known at times as "Amo Ato," and "Matandile" becomes "Matarile" in some regions.

Many studies of Cuban children's games have been made, but to children the history of the game or the ways it has been passed on are unimportant. Whenever children are together, they find a space to sing and play these games. Thus the folklore is passed on between the children.

Rondas: Singing Circle Games

A la rueda, rueda
Around and Around

Directions: Players form a circle, holding hands. While turning clockwise, they chant and make the gestures indicated, for example, give a pretend kiss on the cheek or pretend to be sleeping.

A la rueda, rueda.	*Around and around.*
De pan y canela.	*Bread and cinnamon.*
Dame un besito.	*Give me a kiss*
Y vete a la escuela.	*And go to school.*
Si no quieres ir,	*If you don't want to go,*
Acuéste a dormir.	*Then lay down to sleep*
en la hierbabuena	*in the sweet herbs*
Y en el toronjil.	*and among the mint.*

Note: For music, see page 20.

La pájara pinta
The Spotted Bird

A singing game.

Directions: Form a circle with the children holding hands. Put one child in the center. Children chant while circling, and the child in the middle acts out the lines: "I kneel before my love . . ." etc. The child in the center chooses someone to kneel before. The two then act out the rest of the lines, turning around, stepping forward and back, turning sides, and bowing at the end. Now the other child, chosen by the first, goes to the center, and the game starts again. To choose his "love," the child in the center pulls another by the hand into the center of the circle.

Estaba la pájara pinta.	*There was the spotted bird*
Posada en su verde limón.	*Perched on a green lemon tree.*
Con el pico recoge la rama.	*With a peck she picks up the branch,*
Con la rama recoge la flor.	*With the branch she picks up the flower.*
Ay, si, cuando veré a mi amor	*Ay, yes when would I see my love*
Me arrodillo a los pies de mi amante.	*I kneel before my lover.*
Me levanto gentil y constante.	*I rise gently and evenly.*
Dame ésta mano, dame ésta otra.	*Give me this hand, give me the other.*
Dame un besito que sea de tu boca.	*Give me a kiss that comes from your lips.*
Ésta es la media vuelta.	*This is the half turn.*
Ésta es la vuelta entera.	*This is the full turn.*
Éste un pasito adelante.	*This is a little step forward.*
Éste un pasito atrás.	*This is a little step back.*
Éste es un costado.	*This is one side.*
Éste es el otro lado.	*This is the other.*
Éste es la reverencia.	*This is the bow.*
Entra tú que me das vergüenza	*You go because I'm embarrassed!*

Note: For music, see page 20.

El zun zun de la carabela
The Zun Zun of the Calavera (Skull)

Directions: The children hold hands and walk in a clockwise direction while chanting the rhyme and facing into the circle. One child is "It" and walks around the outside of the circle with a handkerchief. "It" tries to drop the handkerchief behind another player, without that person noticing. If a child doesn't notice the handkerchief has fallen behind him (or her), the rest of the children stop and pretend to whack the child with a stick for his or her carelessness. Then the game continues. The child who is "It" plays the part of the *calavera* or "skull." When children sing it in Cuba, however, it sounds more like *caravela* or *carabela* because of their pronunciation.

El zun zun de la carabela.	*The zun zun of the carabela.*
El que se duerme	*He who is sleeping*
Se le da una pela.	*Gets a beating.*

Más Juegos/More Games

Amanbrocható

Directions: Choose a "Mother-without-Children" and a "Mother-with-Children."

All of the children go with the Mother-with-Children. The Mother-without-Children tries to gain children by chanting and offering good jobs to a chosen child. The game continues until the two groups are equal, or until the Mother-without-Children has taken all of the children.

Two lines of children face each other. The mother and her children go forward and backward as they sing, and the childless mother and her children (as she gains them) do the same as she collects more and more children.

The Mother-without-Children sings:

Amanbrocható, matandile, dile dile
Amanbrocható, matandile, dile do.

The Mother-with-Children sings:

Qué quería usted?	*What do you want?*
Matandile, dile dile.	*Matandile, dile dile*
Qué quería usted?	*What do you want?*
Matandile, dile do.	*Matandile, dile do.*

The Mother-without-Children sings:

Yo quería un paje.	*I want a servant.*
Matandile, dile dile	*Matandile, dile dile*
Yo quería un paje.	*I want a servant.*
Matandile, dile do.	*Matandile, dile do.*
Qué paje quería usted?	*Which servant do you want?*
Matandile, dile dile	*Matandile, dile dile*

Qué paje quería usted?	*Which servant do you want?*
Matandile, dile do.	*Matandile, dile do.*
Yo quería a . . . [*el nombre del niño]*	*I want . . . [child's name]*
Matandile, dile dile	*Matandile, dile dile*
Yo quería a . . .Matandile, dile do.	*I want . . .Matandile, dile do.*
Qué oficio le pondremos?	*What job will you give him?*
Matandile, dile dile	*Matandile, dile dile*
Qué oficio le pondremos?	*What job will you give him?*
Matandile, dile do.	*Matandile, dile do.*
Le pondremos . . . [*se dice el nombre de un oficio*].	*We will place you as a . . .* [names a job/trade].
Matandile, dile dile.	*Matandile, dile dile.*
Le pondremos de	*We will place you as a . . .*
Matandile, dile do.	*Matandile, dile do.*

[*The Mother-with-Children asks the child in question whether this position suits him or her. If so, the child goes over to the side of the Mother-without-Children. If it doesn't, then the Mother-without-Children has to keep on singing "Le pondremos de . . ." choosing different jobs until they find a suitable one. If the child doesn't like the offered job, he or she sings "Este oficio no le agrada."*]

Este oficio sí le agrada.	*This job suits her.*
Matandile, dile dile.	*Matandile, dile dile*
Este oficio sí le agrada.	*This job suits her.*
Matandile, dile do.	*Matandile, dile do.*
Pues le daremos la media vuelta.	*Then lets give him a half turn*
[*formar una ronda tomándose de las manos]*	[join hands and circle]
En el medio del salón.	*In the middle of the room.*
Hay un viejo barrigón.	*There's an old potbelly*
Que se quita los zapatos.	*That kicked off his shoes,*
Y se queda en camisón.	*And stays just in nightgown!*

Note: For music, see page 21.

La cojita o el cojito
The One-Footed Girl/Boy

Directions: The children try to stand on one foot and keep their balance while repeating the chant and the movements suggested (e.g., bowing to the king). He who looses his balance looses the game! A girl sings "la cojita." A boy sings "el cojito."

"Fli" and "fla" are nonsense words. The phrase "Que mira un fli" means "who looks for a fli."

Dónde va la cojita?	*Where does the cojita go?*
Que mira un fli,	*Que mira un fli,*
Que mira un fla.	*Que mira un fla.*
Voy al campo a buscar violetas.	*I'm going to the fields to look for violets.*
Que mira un fli,	*Que mira un fli,*
Que mira un fla.	*Que mira un fla.*
Para quien son las violetas?	*Who are the violets for?*
Que mira un fli,	*Que mira un fli,*
Que mira un fla.	*Que mira un fla.*
Estas son para mi patrona.	*They are for the lady of the house.*
Que mira un fli,	*Que mira un fli,*
Que mira un fla.	*Que mira un fla.*
Si te encuentras con el rey?	*If you meet the king?*
Que mira un fli,	*Que mira un fli,*
Que mira un fla.	*Que mira un fla.*
Yo le haré una reverencia.	*I will give a bow.*
Que mira un fli,	*Que mira un fli,*
Que mira un fla.	*Que mira un fla.*

Note: For music, see page 22.

Comadrita la rana
Madame Frog

Directions: Children form two circles, one inside the other, with children facing each other in pairs. In each pair, the child in the outer ring asks questions of the lady frog. The child in the inner ring, who plays the lady frog, answers. When pairs reach the final line of the song, the frogs all change partners by jumping around and singing like frogs.

Comadrita la rana?	*Madame frog?*
¿Señor? ¿Señor?	*Sir? Sir?*
¿Ya vino su maridito del monte?	*Has your husband arrived from the mountains?*
Si, Señor.	*Yes, sir.*
¿Qué le trajo?	*What did he bring you?*
Un mantón.	*A cloak.*
¿De que color?	*What color?*
Verde limón.	*Lime green.*
¿Vamos a misa?	*Shall we go to mass?*
No tengo camisa.	*I don't have a blouse.*
¿Vamos al sermón?	*Shall we go to the sermon?*
No tengo camisón.	*I don't have a dress.*
Pues sapito y pon,	*Well little frog, then*
Que no tiene tapón!	*I don't have a cork!*

Tengo una muñeca
I Have a Little Dolly

Directions: This is a hand game. Two children face each other and strike their hands together in various ways while chanting the song. One possible pattern: 1. Clap own hands. 2. Clap left hands with partner facing you. 3. Clap right hands. 4. Clap both hands with partner. 5. Begin again.

Tengo una muñeca vestida de azul.	*I have a dolly dressed in blue.*
Con zapatos blancos y velo de tul.	*With white shoes and a tulle veil.*
El traje escotado estilo andaluz,	*She wears a low-cut neckline in Andalusian style,*
las medias caladas con su canesú.	*embroidered stockings and a bodice.*
Dos y dos son cuatro, cuatro y dos son seis.	*Two and two are four, four and two are six.*
Seis y dos son ocho y ocho dieciséis.	*Six and two are eight, and eight is sixteen*
Ocho veinticuatro y ocho treintaidós.	*Eight is twenty-four, and eight is thirty-two.*
Ocho son cuarenta y dos cuarentaidós!	*Eight more makes forty, and two forty-two!*

Note: For music, see page 22.

La gallina ciega
The Blind Hen

Directions: This game is similar to Blind Man's Bluff. One child pretends to be the blind hen and wears a scarf over her eyes so that she can't see. The others turn her around and around to disorient her while they repeat the chant. When they reach the final line of the chant, they all run, and the blind hen tries to catch another child. When someone is caught, this child is the next blind hen, and the game starts over.

Gallinita ciega, ¿Qué se ha perdido?	*Little blind hen, what did you lose?*
Una aguja y un dedal.	*A needle and a thimble.*
Pues yo lo tengo y no te los voy a dar!	*Well, I have them and I'm not going to give them to you!*

El chucho escondido
Hide the Stick

Directions: A child hides a little wooden stick for the others to find. If they come close to it, the one who hid the stick calls, "Hot!" If they move farther from the stick, the child calls out, "Cold!" The child who finds the stick gets to hide the object next time.

Recipes from the Cuban Kitchen

Cuban cuisine is nurtured by the same multicultural elements that created the island's identity: some dishes come from Europe, some from Africa, some from other countries, and all combine to create traditional Cuban flavors.

We Cubans cannot imagine a birthday party without roasted pork and a rice and black beans dish. The plantain, a large banana-like fruit, can be served as a vegetable or as a dessert, either green or ripe, prepared in various ways. Plantain dishes often derive from the cooking traditions of the native peoples who lived in Cuba when the Spaniards first arrived.

When it comes to dessert, many fruits are eaten in a syrup. One popular dish is *arroz con leche* (rice with milk). Although Cuban cooks prepare many more complicated desserts, the two that follow are especially easy to prepare. These recipes originally came from Spain but are now completely Cuban.

Arroz con moros/Rice with Black Beans

- ✓ 1 cup of black beans
- ✓ 2 cups of white rice
- ✓ 1 onion
- ✓ 1 large chili pepper
- ✓ ½ head of garlic
- ✓ ¼ cup of oil
- ✓ salt to taste

Cover the beans with water in a cooking pot. Cook until the beans are soft. Chop the chili pepper, onion, and garlic into small pieces. In another pan, sautée these ingredients in oil. Add this mixture to the beans and stir in the rice. Cook for 25–30 minutes.

This recipe can also be used with red beans.

Serves 4

Plátanos maduros fritos/Fried Ripe Plantains

Bananas may be substituted for plantains if plantains are not available in your grocery.

- ✓ 3 ripe plantains
- ✓ 1 cup oil

Peel the plantains and cut them lengthwise into strips. Heat the oil to medium heat in a pan and drop in the plantain strips. Sautée until they turn a golden yellow. Remove from pan and serve.

Plantains made in this way are served as a vegetable. If served as a dessert, you may pour cream over them.

Serves 4.

Mariquitas/Plantain Chips

- ✓ 3 green plantains
- ✓ 1 cup oil
- ✓ Salt to taste

Peel the plantains and cut in thin rounds. Drop into very hot oil. Fry until golden and crispy. Remove from oil and salt to taste.

Bisté de cerdo frito/Fried Pork Chop

- ✓ 4 pork chops
- ✓ 1 orange
- ✓ 1 onion
- ✓ 4 cloves garlic
- ✓ ½ cup of oil
- ✓ salt to taste

Marinate meat in orange juice, diced onion, mashed garlic, and salt. Heat oil to medium heat and fry until well done.

Serves 4.

Picadillo a la habanera/ Ground Beef Habana Style

- ✓ 1 lb. of ground meat
- ✓ 1 onion
- ✓ ½ head garlic
- ✓ ¼ cup tomato purée
- ✓ salt to taste
- ✓ ¼ cup raisins
- ✓ ¼ cup green olives

Sautée finely chopped onion and mashed garlic in a saucepan. Mix in the pureed tomato and ground meat. Cook until the meat is well done. Salt to taste. Turn off the heat, and stir in the raisins and olives.

Serves: 4

Frijoles negros/Black Beans

- ✓ 2 cups black beans
- ✓ 1 large chili pepper
- ✓ 1 large onion
- ✓ ½ head garlic
- ✓ 1 bay leaf
- ✓ 1 teaspoon ground cumin
- ✓ 2 teaspoons tomato purée
- ✓ 1 teaspoon vinegar
- ✓ 1 teaspoon sugar
- ✓ salt and pepper to taste

Wash the beans and place them in a large pan with plenty of water (water level may be two inches higher than beans). Simmer until the beans are soft, then drain. In another pan, sautée the diced chili pepper, diced onion, mashed garlic, bay leaf, tomato paste, cumin, and salt in oil. Add this mixture to the cooked beans and cook on low heat for another 10 minutes. Add the vinegar and sugar, and a pinch of pepper if desired. Leave on the stove on low heat until the broth thickens.

Serves 4.

Dulce de arroz con leche/Sweet Rice with Milk

- ✓ 1 cup rice
- ✓ 1 cup milk
- ✓ ground cinnamon to taste
- ✓ sugar to taste
- ✓ peel of 1 lemon

Wash the rice and put it to boil with a lot of water, as if you were going to make soup. Add the lemon peel. When the rice is soft, add the milk and sugar. Stir over low heat until thickened. The mixture should have the consistency of paste. Sweeten to taste. Sprinkle powdered cinnamon on top, and the dish is ready to eat! Serves 4.

Rondas

A la rueda

Traditional Cuban

A la rue-da, rue - da. De pan y ca-ne - la. Da-me un be-si - to y ve-te ala es-cue - la.
Si nos qui-eres ir a - cue-sta-te a dor-mir en la hier-ba bue - na. En el to-ron-jil.

La pajara pinta

Traditional Cuban

Es - ta-ba la pa-ja-ra pin - ta po - sa-da en su ver-de li - mon. Con pi-co re-co-je la
ra - ma con la ra-ma re-co-ge la flor. Ay, Si. Cuan-do ve-ré a mi a - more. Me ar-ro-
dillo a los pies de mi a - man - te. Me le - van-to gen-ti-ly con - stan - te. - Da me es-ta ma-no.
Da-me es-ta o-tra. Da-me un be-si-to que sea de tu bo - ca. Es-ta la me-di-a vuel - ta.
Es-ta la vuel-ta en - te - ra. Es-te pa-si-to a-de-lan - te. Es-te pa-si-to a - trás.
Es - te un cos - ta - do. Es-te el o - tro la - do. Es-ta la re-ve-ren-cia. ¡En-tra tu que me das ver-
güen - - - - - - za!

Amanbrocható

Traditional Cuban

A-man-bro - cha - tó ma-tan-di - le - di - le di-le. A-man-bro - cha - tó mat-an-di - le di - le do.
Qué que-rí - a u-sted ma-tan-di - le di - le di-le. Qué que-rí - a u-sted ma-tan-di - le di - le do.
Hay un vie - jo bar - ri - gon que se qui - ta los za - pa - tos y se queda en ca - mi - son.
chant

La cojita (el cojito)

Traditional Cuban

¿Don-de va la co - ji-ta? Que mira un fli, que mira un fla. Voy al
cam - po a bus - car vio - let - as que mira un fli, que mira un fla.

Tengo una muñeca

Tradtional Cuban

Ten-go una mu-ñe-ca ves-ti - da de a - zul. Con za-pat-tos blan-cos y ve - lo de tul.
El traje es - co - ta - do esti - lo an - da - luz. Las me-dias ca - la - das con su ca - ne - sú.

Part II

The Tales

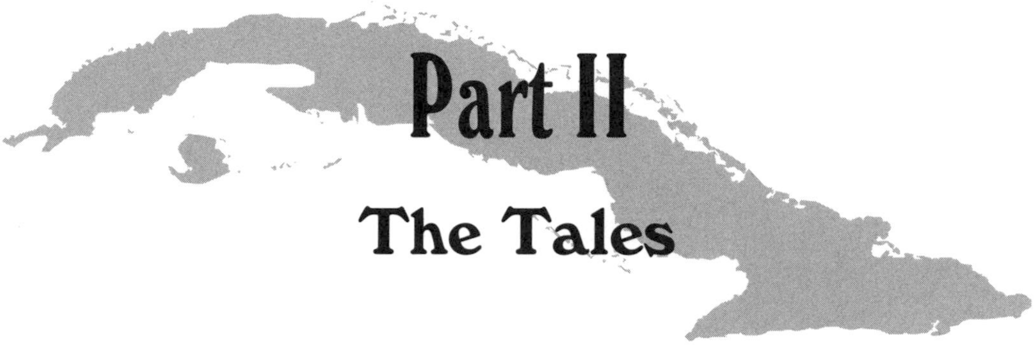

Cuentos de Campesinos
Stories of the Countryside

In the Cuban countryside there are many stories, but above all stand out those called *guajiros mentirosos*. A *guajiro* is a rather rough, country fellow or farmer, and *mentirosos* are bold-faced liars! In these stories, the farmers tell of incredible things as if they were true. Sometimes several farmers compete to see who can tell the biggest lie. Various investigators have collected stories of this sort. Some come from different immigrant groups in Cuba—those from the Canary Islands, Jamaicans, and Haitians. In this chapter of *cuentos de campesinos,* however, we include stories reflecting the Creole lifestyle, rather than that of a particular immigrant group.

El mentiroso

Cuento de la tradición oral en versión de Elvia Pérez.

Había una vez un hombre que vivía cerca de una loma muy grande en el campo. Era un hombre al que le gustaba decir mentiras enormes. Todos sus familiares y amigos estaban acostumbrados a sus fantasías menos su compadre. Cada vez que se encontraban y el guajiro mentiroso quería hacerle un cuento, el compadre lo evitaba para no discutir. Pero como se encontraban con frecuencia siempre el mentiroso lograba decirle algo a su compadre que lo molestara.

Uno de esos días el guajiro mentiroso le dijo a su compadre que sabía exactamente cuántas canastas hacían falta para medir la loma que estaba detrás de su casa. El compadre no quiso discutir y no le respondió nada, pero como esto volvió a repetirse el compadre se molestó y sin poder contenerse le dijo:

- Vamos a ver compadre, ya que usted sabe tanto, dígame de una vez cuántas canastas hacen falta para medir esa loma.

- Y el mentiroso, sin pensarlo mucho respondió:

A decir verdad, si encuentro una canasta del tamaño de la loma, con una basta.

The Liar

A Cuban folktale retold by Elvia Pérez. In Cuba, the man who is godfather to your son or daughter is your compadre. *The woman who stands godmother is your* comadre. *Usually a best friend is chosen for this honor. As noted earlier, the term* guajiro *in this story refers to a fellow from the country.*

There was once a man who lived beside a large hill out in the country. This was a man who loved telling enormous lies. All of his family and his friends were accustomed to his big fantasies. All except for his best friend, his *compadre.* Every time they met and the *guajiro* wanted to tell him another tall tale, the friend avoided him so that they wouldn't have an argument. But since they met very often, the liar always managed to say something to his *compadre* that would annoy him.

On one of these days, the lying farmer told his *compadre* that he knew exactly how many baskets it would take to measure the hill behind his house. His *compadre* didn't want to talk about this and gave no response at all, but since the liar kept repeating this, the *compadre* was really annoyed and unable to contain himself anymore. He said, "Let's see about this, friend. Since you know so much, tell me once and for all how many baskets are needed to measure this hill.

And the liar, without giving it much thought, replied, "To tell the truth, if you can find a basket as big as the hill . . . one will do."

El hombre más mentiroso del mundo

Cuento de la tradición oral en versión de Elvia Pérez.

El hombre más mentiroso del mundo era de Villa Clara. Había andado de un pueblo a otro con sus cuentos y fantasías que a unos divertían y a otros molestaban. No es que hiciera nada malo, sino que en ocasiones le daba por cambiar las cosas o las exageraba tanto que sobrepasaban lo creíble.

Una de sus historias preferidas era la de su frustrado amor con una sirena. Cada vez que contaba esta historia, lloraba por el dolor de haber perdido a su gran amor marino. Según él, la encontró una tarde en una playa de Baracoa. Ella estaba cantando y lo había mirado con unos ojos tan azules que le tiño la camisa que llevaba puesta. Después, cuando se hicieron novios y él tuvo que ir a pedir su mano a su padre, el rey del Océano, ella le había dado un beso con tanto aire que él pudo hacer todo el recorrido bajo mar sin tener que respirar hasta que volvió a la superficie.

Con cuentos como éste, era fácil comprender que algunos se rieran y que otros se molestaran argumentando que les tomaba el pelo. Pero lo peor era cuando algunos lo incitaban a decir porqué no se había casado con la sirena. En ese momento venían los lloros y las lamentaciones y convencido decía que la culpa de la ruptura la tenía el rey del Océano. El monarca del Mar no lo quería porque su falta de escamas podía traer al mundo anfibios deformes. Cuando llegaba a este punto de la historia, eran tantos los lamentos que era mejor irse o cambiar el tema.

Otra de sus historias favoritas era la de su caballo, que era tan alto que se subía a él con una escalera, o la de su gato que estaba cruzado con un gallo y era ideal para pelear. Éstas y otras historias fueron las que le dieron la fama del más mentiroso del mundo. Todo iba como de costumbre en el pueblo hasta que le dio por hacer historias de la familia del gobernador, las cuales nadie podía decir si eran ciertas o falsas, y el caso es que el gobernador se molestó tanto que lo puso en prisión. El mentiroso siguió contando sus historias en la cárcel con el mismo entusiasmo. El gobernador, para poner fin a tanta incontinencia verbal, dictó su aparente sentencia de muerte si no dejaba de contar mentiras. Después de unos días, decidió hacerle una visita para ver si el susto había logrado silenciarlo.

El gobernador entró a la prisión del poblado en su caballo y pidió que trajeran al prisionero ante él. El más mentiroso vino como si nada pasara. El gobernador para presionarlo le dijo que sería ejecutado la semana siguiente. El mentiroso mirando al gobernador dijo:

- Señor, yo quisiera pedirle que me aplace por un año la pena de muerte.

Una sonrisa triunfal apareció en los labios del gobernador cuando preguntó:

- Y para qué, si es que se puede saber.

- Para enseñarle a volar a su caballo. - respondió con toda naturalidad el mentiroso.

Esta respuesta molestó mucho al gobernador que comprendió que el mentiroso no mejoraba, pero controlándose lo más posible le dijo:

- Pero vaya hombre, ¿Tú no sabes que te he condenado a morir por mentiroso? ¿ Tú no piensas cambiar o es que tú crees de verdad que en un año puedes enseñarle a volar a mi caballo?

El más mentiroso del mundo, con calma y serenidad asombrosa respondió:

- Disculpe señor, lo que pasa es que usted no sabe lo traicionero que es el tiempo. Mire que en un año, si el caballo no aprende a volar, es posible que me muera yo, que se muera usted o que se muera el mismo caballo.

Después de esta respuesta, el vencido gobernador montó su caballo y se fue, dejando en libertad al mentiroso y para consolarse se dijo que estas mentiras no hacían mal a nadie.

The Biggest Liar in the World

A tale from the oral tradition of Cuba, retold by Elvia Pérez.

The man who was the biggest liar in the world was from Villa Clara. He had traveled from town to town with his stories and fantasies. Some people enjoyed them, but others were annoyed. It wasn't as if he was doing something bad, it was just that at times he had exaggerated so much and changed things in such a way that he was no longer credible.

One of his favorite stories was about his frustrated love with a mermaid. Every time he would tell this story, he would cry for the pain of losing this great marine love. As he told it, he found her one afternoon at one of the beaches in Baracoa. She was singing, and she looked at him with such blue eyes that it changed the color of his shirt. After they started dating, he had to ask her father, the King of the Oceans, for her hand. For this trip to the bottom of the sea she gave him a kiss full of so much air that he didn't have to breath until he returned to the surface.

With such tales, it's easy to understand why some people laughed and others got angry, thinking he was pulling their legs. The worst was when some of them urged him to tell why he didn't marry the mermaid. At that moment, he would start crying and moaning. He was convinced that the one to blame for his breakup with the mermaid was the King of Oceans. The king didn't like the fact that the man lacked scales. He thought that a marriage between this man and his daughter could bring deformed amphibians into the world. When the liar arrived to this part of the tale, there were such lamentations that it was best to leave or change the subject.

Another of his favorite stories was about a horse he had that was so tall, he had to mount him with the help of a ladder. Another one was about his cat that was part rooster, and was great for cock fighting. This and other stories were the ones that made him famous as the biggest liar in the whole world.

Everything went on as usual in his town until he started to make up stories about the governor's family. Nobody knew if they were true or false, but the governor got so upset that he put him in jail. The liar kept on telling his stories in prison, with the same enthusiasm. The governor, trying to end such verbal incontinence, sentenced him to death if he didn't stop telling lies.

After a few days, the governor went to visit him to see if fear had silenced him. The governor went into the town's prison and asked that the prisoner be brought to him. The world's biggest liar came as if nothing was going on. The governor, to pressure him, said that he was going to be executed the following week. The liar, looking at the governor, said, "Sir, I ask you to postpone my death for one year."

A smile of triumph appeared on the governor's lips when he asked, "What for, if I may ask?"

"So that I can teach your horse to fly," replied the liar in the most natural way.

This made the governor very upset. He realized that the liar was not improving. Taking control of himself, the governor said, "Don't you know that you have been condemned for lying? Aren't you going to change? Or do you really think that you can teach my horse how to fly?"

The world's biggest liar, in an amazingly calm way, replied, "Excuse me, sir, you don't know how treacherous time is. Look at it this way: if your horse doesn't learn to fly in a year, it's possible that I might have died, or that you might die, or that the horse might die!

At this reply, the governor gave up. He mounted his horse and left, setting the liar free. To console himself, he said, "His lies don't really harm anyone, after all."

Mrr A 02

El hombre más haragán del mundo

Cuento de la tradición oral cubana recogido por Samuel Feijóo y en versión de Elvia Pérez.

El hombre más haragán del mundo era del centro de la Isla de Cuba y llevaba mucho tiempo de un extremo al otro viviendo de la caridad para no tener que trabajar.

Un día, llegó cerca de un lomerío y le pidió ayuda a los campesinos que por allí vivían porque se estaba muriendo de hambre. Uno de los paisanos le regaló un pedazo de tierra para que la cultivara y pudiera vivir de ella. Otro le regaló un saco de semillas para que las siembre y otros contribuyeron con instrumentos de trabajo. Después, entre todos, le ayudaron a levantar un ranchito, le consiguieron una hamaca y algunas cosas para habilitar el nuevo hogar y luego se marcharon a sus casas con la satisfacción de haber ayudado a un semejante.

Pasaron seis meses y los campesinos se extrañaron de no ver a su vecino trabajando la tierra. Decidieron hacerle una visita para comprobar que todo andaba bien. Con enorme sorpresa encontraron tirado sobre la hamaca al haragán y comprobaron no solo que en ese tiempo no había hecho nada, sino que se había alimentado de las semillas y ya no quedaba ninguna para la siembra. Los campesinos se molestaron mucho con el haragán, pero éste juró que jamás volvería a hacerlo si le traían más semillas y que sembraría todo el terreno. Los buenos hombres le creyeron y le llenaron nuevamente la casa de sacos de semillas para el cultivo.

Pasaron otros seis meses y como no veían a su vecino se preocuparon pensando que podía estar enfermo y fueron a visitarlo. Pero para sorpresa de todos el haragán se había comido de nuevo las semillas y estaba tirado en su hamaca sin intenciones de sembrar nada. Esto molestó mucho a los buenos agricultores y le dijeron al haragán que no esperara ninguna ayuda de ellos a menos que muriera. Fue así que el hombre más haragán del mundo decidió morirse, pero como no quería ni siquiera esperar a morir de hambre para que sus vecinos lo enterraran, pidió que en ese momento lo hicieran. Los buenos campesinos se asustaron. No se imaginaban enterrar al haragán todavía vivo, pero como insistió, un sabio anciano dijo que si ese era su deseo lo debían cumplir. Entre todos construyeron un ataúd y dentro metieron vivo al más haragán del mundo que iba como si tal cosa.

El cortejo fúnebre se dirigía hacia una lomita cercana donde enterraban a los difuntos, pero en camino tenía que pasar por la tierra de los González, que a esa hora estaban trabajando su parcela. Cuando los González vieron la comitiva preguntaron quién se había muerto. Los campesinos respondieron que era el entierro del más haragán del mundo que quería ser enterrado vivo porque no tenía qué comer. El jefe de la familia González tenía muy buen corazón y propuso darle de su maíz al haragán para que comiera y no tuviera que morir.

- El más haragán, que estaba escuchando la conversación de los campesinos desde su ataúd, se sentó en el féretro y pregunto:

- ¿El maíz está molido?

Fue el más pequeño de los hijos de los González quien respondió esta vez:

- No señor, está en grano.

El haragán se metió de un tirón dentro del ataúd mientras decía:

- ¡Pues entonces no lo quiero! ¡Que me lleven a enterrar!

Después de esto nadie supo qué decir y el cortejo siguió su marcha, pero tuvo que pasar por la tierra de los Pérez, que a esa hora estaban trillando su arroz. Al igual que los González quisieron saber quién había muerto. La respuesta fue la misma. Era el más haragán del mundo que pedía ser enterrado vivo por no tener qué comer. Los Pérez también se compadecieron y uno de ellos dijo:

- La verdad es que ésa no es razón para morir. Nosotros le daremos arroz.

El supuesto difunto escuchó todo y se incorporó para preguntar:

- ¿El arroz está trillado?

Uno de los Pérez respondió:

- Eso mismo estamos haciendo ahora, si quiere acompáñenos y luego le daremos su parte.

Pero ante el asombro de los campesinos, el más haragán se metió en su caja mientras decía:

- ¡Pues entonces no lo quiero! ¡Que me lleven a enterrar!

Los campesinos siguieron adelante con el cortejo fúnebre, iban preocupados. No les gustaba nada tener que cumplir el deseo del más haragán; tenían la esperanza de que en el camino se motivara a hacer algo por su vida, pero ya casi llegando al campo santo y nada. Fue en ese momento que uno de los que iba llevando el ataúd hizo una exclamación:

- ¡Qué campo de verduras más hermosas! ¡Mira cómo crece el berro! La verdad es que dan ganas de comerlo!

Luego todos esperaron para ver la reacción del más haragán del mundo. Pero esta vez no se incorporó, sino que desde el fondo del féretro preguntó:

- ¿El berro está cortado?

Los campesinos conociendo su proverbial haraganería insistieron:

- Hay que cortarlo, pero eso lo hacemos entre todos en un momento. ¡Anímese y nos comemos juntos una hermosa ensalada!

Fue entonces que desde el mismo lugar el haragán dijo estos versos como respuesta:

Ya le he dicho a los presentes

que no quiero trabajar

¡Dejen de ser insistentes

y acábenme de enterrar!

Después de ésto los campesinos desistieron de convencerlo, pero tampoco lo enterraron. Màs bien lo dejaron en el camino para que se viera obligado a trabajar para comer. No se ha sabido con exactitud que sucedió después con el hombre. Lo único cierto es que de él, sólo nos ha quedado esta historia.

The Laziest Man in the World

A story from the Cuban oral tradition collected by Samuel Feijóo and retold by Elvia Pérez.

The laziest man in the whole world was from the center of the Island of Cuba. He had been living on people's charity for a long time to avoid work. One day he arrived in a hilly region and asked for help of the farmers who lived there, because he was dying from hunger. One of them gave him a piece of land so that he could sow it to make a living. Another gave him a bag full of seeds and others contributed with tools. Afterward, all of them helped him build a shack. They were able to find him a hammock and a few things to equip his new home. Everybody marched home with the satisfaction of having helped another human being.

Six months passed and the farmers were surprised to see that their new neighbor wasn't working on the land. They decided to pay him a visit to make sure that everything was OK. With great surprise they found the lazy man lying in his hammock. They realized that during all that time not only had he done nothing at all, but he had been eating the seeds and there were none left for sowing. The farmers were very angry with the lazy man, but he promised not to do it again. If they were to bring him more seeds, he would sow them all. The good men trusted him, and once more they filled up his house with seeds for sowing.

Another six months passed, and again they didn't see their neighbor at all. They worried that he might be sick, so they went to visit him. To their surprise, he had eaten the seeds again and was lying in his hammock with no intention to sow anything at all. The good farmers were very upset and told the lazy man not to expect any help from them unless he died. That's why the laziest man on earth decided to die. But since he didn't want to wait for the time when his neighbors would bury him, he asked to be buried right there and then. The good neighbors were frightened. They couldn't imagine burying the lazy man alive. But he insisted, so a wise old man said that if that was his wish, they should do it. Together they built a coffin, and in it they put the laziest man on earth, who went in as if nothing out of the ordinary were happening.

The funeral procession was going toward a hill where the villagers bury the dead. On their way they passed by the land of González, who at the time was working his land. When the González family saw the funeral procession they asked who had died. The farmers said that they were burying the laziest man in the whole world, who wished to be buried alive because he didn't have anything to eat. The head of the González family had a very good heart, and he said that he could give him some corn so that he wouldn't have to die.

The laziest man on earth heard the whole conversation from his coffin. He sat straight up and asked, "Is the corn ground?" This time, the youngest González spoke up, "No sir, it's in grain."

The laziest man threw himself back in the coffin, declaring, "Then, I don't want it! Go ahead and bury me!"

After this nobody knew what to say. The funeral procession continued on. They passed by the land of the Pérez family, who at that time were threshing rice. Just like the González family, they wanted to know who had died. The answer was the same, "The laziest man on earth, who wants to be buried alive because he has nothing to eat." The Pérez family also felt sorry for him. One of them said, "That's not a good reason to die. We will give him rice." The supposed dead man heard the whole conversation. He sat up in his coffin and asked, "Is the rice threshed?"

One of the Pérez sons replied, "That's exactly what we are doing now. If you care to join us, we would give you your part afterward." But to everybody's surprise, he lay back in his coffin saying, "Then, I don't want it. Go ahead and bury me!" The farmers went on with their funeral procession. They were worried. They didn't want to fulfill the laziest man's wish. They had hoped that he would have become enthusiastic about something to do with his life on the way there, but they had almost reached the cemetery and nothing was happening. At that time, one of those carrying the coffin said, "Look at that vegetable field! What beautiful watercress! It sure makes you want to eat it!" Everybody waited for the laziest man's reaction. This time he didn't rise from his coffin when he asked, "Is the watercress cut?

The farmers, knowing about his incredible laziness, insisted, "It has to be cut, but together we could do that in just a moment. How about doing so, and we will all share beautiful salad?"

Without moving from his place, he recited these verses as a reply,

"Ya le he dicho a los presentes

que no quiero trabajar

¡Dejen de ser insistentes

y acábenme de enterrar!"

"I told everybody

I don't want to work

so just stop insisting

and finish burying me!"

After this the farmers gave up trying to convince him. But they didn't bury him either. Instead, they just left him in the road so that he would be forced to work if he wanted to eat. We don't know what became of that man. The only thing certain is that all that remains of him is this story.

El campesino y su caballo

Cuento de la tradición oral en versión de Elvia Pérez.

En una finca en lo más intrincado del campo vivía en compañía de su esposa un campesino muy distraído llamado José.

Hacía mucho tiempo que no sabía de su anciana madre y decidió ir a verla. Como vivía en un poblado distante, tenía que hacer una parte del camino a caballo y otra en tren. Se levantó muy temprano y emprendió el camino a caballo rumbo al tren. Llegó con tiempo suficiente porque el tren no pasaba hasta el mediodía. Fue hasta la taquilla de venta de los boletos y pidió dos, uno para él y otro para su caballo. El dependiente se asombró de escuchar semejante petición porque evidentemente los caballos no viajan en tren, o al menos no junto a los pasajeros. Así se lo dijo a José al tiempo que le extendía un solo billete para el tren. José se molestó mucho. ¿Cómo podía un hombre dejar a su caballo solo e irse en el tren hasta un lugar tan distante? La discusión fue subiendo de tono hasta que tuvo que venir en ayuda del dependiente, el jefe de la estación. Por más que ambos trataron de explicar lo imposible de la petición de José de viajar con su caballo, no consiguieron nada.

El buen hombre estaba necio aunque finalmente tomó su billete y se alejó rumbo al andén. Allí, sin que lo vieran, amarró su caballo al último vagón del tren y luego dio la vuelta y subió al mismo. Cuando el tren se puso en marcha, José se sintió más tranquilo. Ahora ya nadie podría negarle llevar su caballo. Después de un rato fue hasta el último vagón para ver como estaba su adorada bestia. Allí se encontró a un hombre que miraba con curiosidad al caballo que llevaba la lengua afuera y los ojos desorbitados. Al ver acercarse a José le comentó:

- Mire señor, ese caballo que va corriendo amarrado al tren parece que se está ahogando porque lleva la lengua afuera y la boca abierta.

José, lleno de complacencia, respondió:

- ¡De ningún modo! Ése es mi caballo y lo que pasa es que se va riendo de la maldad que hicimos de viajar en el tren sin pagar su billete.

The Farmer and His Horse

A folktale from the Cuban oral tradition, retold by Elvia Pérez.

In a farm way out in the country, there lived with his wife an absentminded farmer named José.

A long time had passed since he had any news about his elderly mother, so he decided to go visit her. Since she lived in a faraway village, he had to go part way by horse and part way by train. He woke up very early and started riding his horse to the train. He had plenty of time because the train was not going to arrive until noon. He went to the ticket office and asked for two tickets, one for himself and one for his horse. The clerk was puzzled when he heard such petition because horses don't travel by train, or at least not right next to the passengers. That's what the clerk told José while giving him one ticket for the train. José was very upset. How could a man leave his horse alone and take a train to a place so far away? The discussion grew louder until the station chief had to be called. Even though both of them tried to explain to José about the impossibility of his petition to travel with his horse, they were not able to achieve much.

The good man was stubborn, but finally he took his ticket and left toward the platform. There, trying not to be seen, he tied his horse to the last wagon of the train and then turned around and got in the same train himself. Once the train started, José calmed down. Now nobody could refuse to let him bring his horse along. After a while, he went to the last wagon to see how his beloved horse was doing. There he found a man who was looking curiously at this horse, which was running with its tongue sticking out and its eyes bulging. When he saw José approaching, he said, "Look sir, that horse running tied up to the train seems to be choking. Its tongue is sticking out and its mouth is hanging open."

Very pleased, José replied, "Not at all sir, that's my horse and what happens is that he is laughing all the way because we are traveling on this train without paying for his ticket!"

El hada del río

Cuento de la tradición oral de San Antonio de las Vueltas en versión de Elvia Pérez.

En un lugar intrincado del campo vivía una niña sola con su padre porque no tenía madre. Era muy hermosa, trabajadora y se llamaba Luz. Desde temprano estaba levantada haciendo el aseo de la casa y preparando la comida para su padre. Un día, su papá le dijo que se casaría de nuevo con una viuda que conocía desde hacía algún tiempo. La niña se puso contenta pensando que su padre necesitaba felicidad y ella una madre. Llegó el día de la boda y se realizó una ceremonia muy sencilla con los vecinos y familiares. La madrastra de Luz tenía una hija casi de su edad de nombre Amargura.

Desde el primer momento Luz trató de ser amable con Amargura, que dormía junto a ella en su cuarto, pero la niña siempre estaba disgustada e inconforme. Le parecía dura la cama y la habitación fría. Protestaba por la comida y el ruido que hacían los animales del corral. Sin embargo, su madre la consentía en todo mientras que a Luz la trataba con frialdad. Por más que la huérfana trató de acercarse a su nueva madre, ésta se mantenía distante y solo se dirigía a ella para darle órdenes. Su padre no notaba nada porque llegaba muy tarde de trabajar la tierra, comía y se iba a la cama. La pequeña Luz no quería entristecerlo con estas cosas y sufría en silencio.

Una mañana para festejar el cumpleaños de Amargura sacrificaron un pequeño cerdo para la cena. Desde temprano Luz estaba en la cocina ayudando a su madrastra a picar la carne y salarla mientras Amargura dormía. Después que todo estuvo listo, la señora le dio las tripitas del cerdo a Luz para que fuera al río a lavarlas porque ésa sería su comida.

La niña se fue hasta el río y mientras lavaba las tripitas en el río las lágrimas cubrieron su rostro. Lloró y lloró por muchas razones, recordando a su querida madre, por la pasada vida junto a ella y a su padre y ante la imposibilidad de cambiar la actual situación. Tan entretenida estaba que se le fue de las manos una de las tripitas. Luz se asustó mucho. La regañaría su madrastra si perdía algo de su comida. Sin pensarlo dos veces, dejó sobre la orilla las tripitas lavadas y se lanzó al agua a rescatar la que se le iba. En unos segundos, sin saber cómo se vio en el fondo del río. Caminó por el lugar sin sentir ahogo ni peligro hasta que encontró cerca de unas algas la tripita. Iba a tomarla cuando una ancianita se le apareció y le dijo:

- Querida niña, estoy algo cansada y mi casa está sucia, ¿podrías limpiarla por mi?

Luz sintió pena por la señora y asintió. Luego fueron hasta una gruta que le servía de casa a la anciana que era el hada del río. El lugar estaba revuelto y sucio, pero Luz sin desanimarse lo limpió y ordenó todo. Cuando terminó estaba la gruta tan reluciente que las cosas parecían nuevas. La vieja hada entonces le dio muchos regalos a la niña, incluso su tripita y la acompañó hasta la superficie. Al dejarla allí le dijo:

- No te preocupes por nada, tus penas están a punto de terminar y cada vez que quieras ven a visitarme.

Después la anciana desapareció entre las aguas y Luz regresó con sus tesoros a la casa. Como era el cumpleaños de Amargura, compartió con ella los regalos del hada pero la malcriada no quedó conforme. Después de un rato le dijo a su madre que iría ella misma al río para que el hada le regalara más cosas a ella ya que era su cumpleaños. Su madre estuvo de acuerdo y le dio una tripita de cerdo. Amargura se fue hasta el lugar y dejó caer la tripita de cerdo al agua y luego se sumergió en el río. Después de un rato llegó al lugar descrito por su media hermana y observó que la tripita estaba en el mismo sitio. Fue a tomarla cuando apareció la anciana hada y le dijo:

- Hermosa niña, soy vieja y estoy cansada, ¿podrías ayudarme a limpiar mi casa?

Pero Amargura no estaba dispuesta a limpiar nada. Si no limpiaba en su casa, menos lo haría en la de aquella desmañada vieja que para nada se parecía a un hada. En tono arrogante respondió:

- No tengo tiempo para tonterías anciana. Estoy buscando al hada del río que le ha dado muchos regalos a mi media hermana.

La anciana sonrió y respondió:

- Yo soy el hada del río, si quieres tener tus regalos acompáñame hasta mi casa.

El deseo de tener los maravillosos regalos pudo más que la haraganería de Amargura. Se fue con el hada hasta su gruta. Al llegar notó que todo estaba sucio y revuelto, pero fue incapaz de tocar nada ni de ayudar en su arreglo. El hada fue entonces por un cofre y se lo entregó a la niña, luego, al igual que a la otra, la acompañó a la superficie. Al llegar al lugar le dijo como una sentencia:

- Lo que llevas en el cofre es igual en valor a tus acciones. Si eres obediente y trabajadora será hermoso, pero si insistes en ser malcriada y haragana sólo serán carbones.

Después desapareció entre las aguas del río dejando asustada a Amargura que no se atrevió a abrir el cofre. Cuando llegó a su casa le contó a su madre lo sucedido. Su mamá le dijo que quizás era su culpa por consentirla tanto, pero que desde ese día las cosas cambiarían. Y así fue. No sólo la madre de la niña cambió su actitud consentidora para con su hija, sino que cambió también con Luz y fue amable y cariñosa con ella. Amargura hizo su mejor esfuerzo por colaborar con el trabajo de la casa y cambiar su carácter. Se esforzó tanto que lo logró. Ella y Luz se quisieron mucho y fueron en verdad dos hermanas.

El día de la boda de Amargura, ella ya se había olvidado del cofre del hada pero era muy feliz con su familia. Se puso a hacer una limpieza en la casa y encontró en el desván el cofre. Todavía con un poco de temor lo abrió, pero para su alegría y sorpresa, estaba lleno de hermosísimos regalos que en esta ocasión compartió con su hermana Luz. Cuentan los que las conocieron que fueron las hermanas mejor llevadas de toda la comarca.

The Fairy of the River

A story from the oral tradition of San Antonio de las Vueltas, retold by Elvia Pérez. The girls' names in this story, Luz and Amargura, mean "light" and "bitterness."

Deep in the countryside, there lived a motherless child with her father. She was very beautiful and hardworking, and her name was Luz. She would wake up very early every morning to start cleaning up the house and preparing her father's meal. One day, her father told her that he was going to marry a widow whom he had known for a while. The child was very happy, for she thought that her father needed to find happiness and she needed a mother. The day of the wedding arrived. They shared a very simple ceremony with neighbors and relatives. The stepmother had a daughter who was about the same age as Luz, called Amargura.

From the very first moment, Luz tried to be friendly with Amargura, who slept next to her in her room. But Amargura was always annoyed and upset. She thought that the bed was too hard and the room too cold. She complained about the food and about the noise that the animals in the farmyard made. Her mother was always spoiling her, fulfilling her daughter's each and every whim while treating Luz very coldly. As much as Luz tried to get close to her new mother, the woman remained distant and only spoke to Luz to give her orders. Luz's father didn't notice any of this because he would come home late. After working the land all day long, he would just eat and go to bed. Little Luz didn't want to upset him with these things, so she suffered alone and in silence.

One morning a little pig was killed for the celebration of Amargura's birthday. From early in the morning, Luz was in the kitchen helping her stepmother grind and salt the meat while Amargura slept. After all was ready, the stepmother gave Luz the pigs' guts and told her to go wash them in the river since that was going to be her meal. The girl went to the river, and as she washed the guts, tears ran down her face. She cried and cried for many reasons. She cried remembering her dear mother, she cried for her and her father's former life, and she cried because she was unable to change her situation. She was so involved in her own thoughts that one of the guts slipped from her hands. Luz became frightened—her stepmother would be very upset if she lost part of her food. Without thinking twice, she dropped the washed guts on the riverbank and jumped into the water to rescue the lost piece. In a few seconds, without knowing how, she found herself at the bottom of the river. She didn't feel suffocated or in danger, and she walked around until she found the little piece of pig gut close to some algae. She was about to grab it when an old woman appeared and said, "Dear child, I am tired and my house is dirty, could you clean it up for me?"

Luz felt sorry for the old woman, and she nodded. They went into a grotto that served as the old woman's house. This old woman was the Fairy of the River. The place was filthy and turned upside down, but Luz cleaned it, organizing everything without feeling discouraged. When she was done, the grotto was so shiny that everything looked new. The old fairy gave the child many presents and her little pig gut, then she accompanied her to the surface. Leaving her there, she said, "Don't worry about anything, your sorrows are about to reach an end. Whenever you want, come to visit me."

Then the old woman vanished through the waters, and Luz returned home carrying her treasures. Since it was Amargura's birthday, she shared the fairy's presents with her, but the spoiled thing wasn't satisfied. After a while, she told her mother that she was going to go to the river by herself so that the fairy could give her more presents for her birthday. Her mother agreed and gave her a little pig's gut. Amargura went to the same place and let the little gut fall into the water. Then she dove in the water as Luz had. After a while she arrived at the place described by her stepsister and observed that the little gut was at the same place as before. She was about to grab it when the old woman appeared and said, "Beautiful child, I am old and tired, could you help me clean up my house?"

But Amargura was not willing to clean anything. If she didn't clean at home, why would she do so at that old woman's house? That woman was so old and raggedy that she didn't look like a fairy at all. In an arrogant way, Amargura replied, "I don't have time for such foolishness, old lady. I am looking for the Fairy of the River who gave many presents to my stepsister."

The old woman smiled and replied, "I am the Fairy of the River, if you want your presents, come with me to my house."

The desire to gain the presents was stronger than Amargura's laziness.

She went with the fairy to her grotto. Upon arrival she noticed that everything was upside down and dirty, but she was unwilling to touch anything or help in any way to repair that mess. The fairy then went for a chest and gave it to the child. As she had done with Luz, she accompanied her back to the surface. Arriving there, she said just one thing, "What you are carrying in that chest is equal to the value of your actions, if you are obedient and hardworking, it will contain something beautiful, but if you insist on being spoiled and lazy, you will have only coal."

Then she vanished through the waters, leaving Amargura so worried that she didn't dare open the chest. As soon as she arrived home, she told her mother what had happened. Her mother said that maybe she was the one to blame for spoiling her so much, but from that day on things were going to be different. And that's how it was. Not only did the mother change her spoiling attitude toward her child, she also changed the way that she treated Luz and became kind and affectionate to her. Amargura did her best to help out with housework and change her attitude. She worked so hard at this that finally she was able to accomplish it. She and Luz cared very much for each other and became true sisters.

The day that Amargura was getting married, she had forgotten all about the chest. She had been very happy with just her family. She started cleaning up the house and found the chest in the loft. She was still a little afraid to open it, but once she did, she saw with great joy that it was full of beautiful presents, which she shared with her sister Luz.

And over the years, those who knew the sisters said they got along better than anybody else in the whole countryside.

Cuentos Afrocubanos o Patakies
Afro-Cuban Tales or "Patakies"

The Afro-Cuban tales included in this chapter derive from the religions brought by the Africans who came to Cuba as slaves. These stories were kept alive by the priests of the Regla de Ifá, the cult of Orula, and the Regla de Ocha, or Santería. The stories are used to create an understanding of the various gods and goddesses of the African pantheons.

Los caminos de la isla

Cuento de la tradición oral cubana recogido por Lydia Cabrera y Samuel Feijóo en versión oral de Elvia Pérez.

Cuentan y cuentan que los yorubas vinieron desde África a Cuba con sus cantos, bailes e historias. Se asentaron en la Isla y trataron de hacer suyos los ríos, la tierra, el cielo y los caminos. Cuentan también, que un buen día y sin que nadie supiera el motivo, se cerraron todos los caminos de la Isla. En estas circunstancias nadie se movía de su casa y los que se atrevieron a dejar los límites de lo conocido no regresaron jamás.

Al desaparecer los caminos también desaparecieron los sueños, los anhelos, las esperanzas y las personas comenzaron a enfermar y morir de tristeza. En una humilde casa en el campo vivía un matrimonio de africanos que habían tenido veinte hijos. Cada vez que uno de los hijos se hacía grande, le pedía permiso al padre y a la madre para ir en busca de ayuda y abrir los caminos. Se fueron uno tras otro y jamás regresaron. El matrimonio estaba algo mayor de edad cuando inesperadamente la mujer quedó embarazada y tuvo unos *jimaguas*. Eran tan idénticos que ni la propia madre podía diferenciarlos. A uno le puso Tawó y al otro Kaínde. Los vecinos del lugar decían que los niños parecían tener como una luz especial en sus miradas. Eran tan inteligentes que desde chiquitos ayudaban a resolver problemas a los adultos del lugar. Con todo esto se fue haciendo una leyenda alrededor de ellos. Se decía que tenían dones divinos.

Cuando los jimaguas crecieron, les pidieron a sus padres que los dejaran ir a buscar algo que abriera los caminos de la isla y a encontrar a sus hermanos. Los padres se asustaron porque no se sabía qué estaba pasando ni que cosa terrible detenía a las personas que se alejaban de sus casas. No querían perder a sus pequeños niños como habían perdido a los anteriores. Los padres dijeron que no, pero los niños suplicaron mañana, tarde y noche. Fue tanto lo que argumentaron y con tan buen tino, que finalmente les dieron el permiso.

Siete días con sus noches estuvieron caminando y abriendo trillos en el monte. Al anochecer del séptimo día, llegaron a un pequeño valle y observaron que en él dormía nada más y nada menos que el mismísimo diablo. Se pusieron de acuerdo en silencio para no despertar al maligno. Luego, Tawó fue a esconderse tras un arbusto mientras Kaínde lo despertaba.

El señor del fuego se puso de muy mal humor al ser interrumpido en su descanso. Abrió su bocaza y le enseñó al niño sus colmillos mientras gruñía: "¡Quién se atreve a turbar mi sueño lo paga caro! ¡Mira mis dientes mocoso!"

El pequeño no se asustó. Se colocó a una distancia prudencial y respondió:

- Ya conozco bien acerca de ti, pero no he venido de tan lejos sólo para contemplar tus afilados dientes.

- ¿Y se puede saber a qué has venido, enano? - fue la respuesta del maligno mientras soltaba chispas por los ojos.

- A pedirte que abras los caminos de la Isla y que dejes en libertad los que vinieron antes. - respondió el pequeño Kaínde.

- ¿Y a cambio de qué te haría yo ese grandísimo favor, pigmeo atrevido?

- No sé. Dime tu qué quieres que haga a cambio y lo haré.

Al diablo le dio risa la frescura de aquel niño. Después reflexionó, no tenía hambre y sí muchas ganas de bailar. Él no era un diablo cualquiera sino un gran bailarín. Hacía mucho que no podía ejecutar sus bellos giros porque no tenía música. En verdad, le hacía falta un músico acompañante. Tomó una decisión. Le pidió al niño que lo acompañara con una guitarra para que él pudiera bailar, claro que con un acuerdo. El que se cansara primero perdería y tendría un castigo. Si se cansaba él, abriría los caminos y devolvería a todos los prisioneros, pero si se cansaba el niño, se lo comería. Acordado el pacto el diablo le dio una guitarra al muchacho y comenzó el baile.

Kaínde tocaba un son muy movido y el diablo daba unos saltos enormes. Cuanto más fuerte tocaba el niño más saltaba el maligno. Bailó cinco horas sin parar y Kaínde tocó cinco horas la guitarra. Los dedos se le estaban entumeciendo cuando dijo:

- Señor diablo, ¿puedo tomar un poco de agua en el arroyo?

- Sí muchacho, pero mira mis dientes, si no vienes rápido a tocar te comeré.

Kaínde fue rápido hasta el arroyo. Cerca se encontraba Tawó escondido en los arbustos. Kaínde se quedó descansando y Tawó vino a ocupar su lugar.

Tomó la guitarra y comenzó a tocar el mismo son que antes tocaba su hermano. El diablo se movía que daba gusto. Bailó sin parar durante cinco horas y Tawó tocó sin parar durante cinco horas. Al cabo de ese tiempo le pidió permiso para tomar agua. El diablo accedió y los muchachos cambiaron de lugar. Así lo hicieron una y otra vez hasta que llegó la noche. Ningún animal del monte conseguía dormir con el ruido del baile. Los hermanos se cambiaban sin que el maligno lo notara porque eran totalmente idénticos. El músico siempre estaba con bríos mientras el bailarín iba perdiendo fuerzas. Ya no habían llamas en sus ojos, y sus saltos eran pequeños e inseguros, pero no se daba por vencido. Cerca del amanecer, y sin poder evitarlo, cayó el diablo a tierra convertido en un montón de músculos adoloridos mientras uno de los jimaguas seguía tocando la guitarra.

Vencido el señor del mal, no tuvo más alternativa que cumplir con su palabra. Se reabrieron los caminos de la Isla y todos los prisioneros fueron puestos en libertad. Cuentan que el diablo se mudó a otro lugar, pero su historia quedó en la mente de los pobladores hasta hoy. También hasta hoy, todos juran que los jimaguas tienen poderes divinos, y que si se lo proponen pueden vencer hasta el mismísimo diablo.

The Roads of the Island

A folktale collected by Lydia Cabrera and by Samuel Feijóo, retold by Elvia Pérez.

It is said that the Yorubas came from Africa to Cuba with their songs, dances, and stories. They settled on the island and tried to make theirs all the rivers, the earth, the sky, and the roads. It is said also that one day, without anybody knowing why, all the roads of the island were closed. In these circumstances, nobody moved from their homes. The ones who dared go beyond the known limits never came back. With the disappearance of the roads, so, too, disappeared the dreams, the wishes, and the hopes. People started to get sick and die of sadness. At a humble country house, there lived an African couple who had twenty sons. Each time one of the children grew up, he asked his parents for permission to go search for help and open the roads. One after the other went in search of help, but none of them ever came back. When the couple was quite old, they unexpectedly had a pair of *jimaguas,* or twins. They were so identical that not even their own mother could tell one from the other. One of them she named Tawó and the other Kaínde. The neighbors said that these boys seemed to have a special light in their eyes. They were so intelligent that from the time they were very young, they helped solve the problems of grownups. With all this, a legend was born around them. It was said that they had divine gifts.

When the *jimaguas* were old enough, they asked their father to let them go in search of something that could open the roads and also to search for their brothers. Their parents were frightened because they didn't understand what was happening or what terrible thing had stopped the people who had left their homes. They didn't want to loose their youngest sons as they had lost all the others. Their parents said no, but the twins insisted and kept begging—morning, noon, and night. They argued so much and with such good reasoning that their parents finally agreed and granted them permission to go on their mission.

Seven days and seven nights they walked, opening footpaths in the forest. At dawn on the seventh day, they arrived at a small valley. Sleeping in the valley was none other than the devil himself! They made a plan silently, so as not to wake the devil. Then, Tawó hid behind some bushes while Kaínde woke up the devil.

The lord of fire was in very bad mood for having been interrupted in his rest. He opened his wide mouth and showed his fangs to the lad while he grunted, "Whoever dares interrupt my sleep pays for it! Look at my teeth, brat!

The little one didn't get scared. He put himself at a safe distance and replied, "I know all about you, but I didn't come all this way just to look at your pointy teeth.

"So, may I know what you did come here for, dwarf?" said the evil one, throwing sparks out of his eyes.

"I came here to ask you to open the roads of the island and to free all the others that had come here before to ask you the same thing," responded little Kaínde.

"And what would I get for such a favor, you daring pygmy?"

"I don't know. You tell me what you want me to do in exchange, and I'll do it."

The devil was very amused by the child's boldness. He thought about it for a while. He wasn't hungry. What he really wanted was to dance. He wasn't just any kind of devil. He was a dancing devil! It had been a long time since he was able to do his beautiful twirls and spins, because he didn't have any music. The truth was, he needed a musician to play for him. He made up his mind. He asked the boy to play the guitar so that he could dance. The one who got tired first would lose and be punished. If the devil tired first, he would open the roads and return all the prisoners. But if the lad tired first, the devil would eat him. Once the deal was settled, the devil handed a guitar to the boy, and the dance began.

Kaínde played a very lively song, and the devil made enormous leaps. The louder the boy played, the higher the devil jumped. He danced for five hours nonstop, and Kaínde played the guitar for those five hours. His fingers were getting numb, so he said, "Mr. Devil, can I go and drink some water from the stream?"

"Sure, boy, but look at my teeth! If you don't come back fast, I will eat you!"

Kaínde rushed to the stream of water where Tawó was waiting, hiding amongst the bushes. Kaínde stayed to rest, and Tawó took his place. He grabbed the guitar and started to play the same song his brother had played. The devil was moving in such a way that it was a pleasure to see him. He danced nonstop for five hours, and Tawó played nonstop for five hours. Then Tawó asked for permission to drink some water. The devil agreed, and Tawó traded places with his brother. Like this, they traded one time after the other until night arrived.

There wasn't an animal on the mountain that could sleep that night because of all the racket the devil was making with his dance. The brothers were trading places without the devil noticing because they were absolutely identical. The music was always lively, but the dancer was beginning to lose strength. There were no more flames in his eyes, and his leaps were small and insecure. But he didn't give up and kept on dancing. Sunrise was approaching when the devil, unable to help himself, fell to the ground and turned into a bunch of painful muscles, while one of the twins continued playing the guitar.

As the king of evil was defeated, he had no other choice than to live up to his word. All the roads of the island were reopened and the prisoners set free.

It is said that the devil moved to another place, but his story remains in the mind of the villagers to this day. And still today, it is believed that twins have special divine powers. If they set their minds to it, they can defeat even the devil himself.

La creación del mundo

Mito de la tradición oral afrocubana en versión de Elvia Pérez.

Al principio de los tiempos la Tierra era solo una enorme bola de fuego. No existía nada, solo humo y ceniza. Olofi, el Dios todopoderoso, mirando esto desde las alturas sintió compasión y decidió que la vida existiera. Fue por ello que envió a su hija Yemayá, la madre universal, a calmar la sed de la tierra con sus aguas. La diosa bajó entonces en forma de lluvia y primero apagó el fuego, luego enfrió la tierra y después fue llenando con su cuerpo líquido cada oquedad, la hueco, cada hondonada y con esto surgieron los ríos, los lagos, los mares y la vida.

Mucho trabajó Yemayá durante días y noches para completar su labor: la creación del mundo. Del agua surgieron todos los peces, luego las aves y después todos los animales terrestres incluido el hombre. Cuando la diosa dio por terminado su trabajo, se fue a descansar a lo más profundo del mar donde decidió instalar su reino colmado de riquezas y se durmió.

Pasado el tiempo Olofi observó la Tierra desde las alturas y contempló con orgullo el trabajo de Yemayá. Pero al mirar con más atención observó que los hombres andaban de un lado a otro sin cabezas. Era por eso que caminaban de manera imprecisa, no tenían ideas y no habían creado nada. Olofi, Dios, pensó que en realidad era comprensible este olvido de su hija mayor teniendo en cuenta que había trabajado muy duro y en una labor enorme. Para no molestarla en su descanso y corregir el error decidió enviar a su hijo Obatalá, el que viste de blanco, a poner la cabeza de los hombres sobre sus hombros.

Obatalá, el de blanco, el armonioso, descendió a la Tierra y con sus propias manos amasó la arcilla, construyó las cabezas y las fue colocando una a una sobre los hombros de cada ser humano. Al terminar poso su mano sobre todos y les entregó la luz del entendimiento. Ahora los hombres caminaban sin tropezar, tenían ideas y comenzaron a construir su propio mundo.

Obatalá regresó junto a su padre y le dijo que el trabajo había sido terminado, pero Olofi, en su sabiduría le advirtió que el trabajo realizado lo convertía en el dueño de las cabezas de los hombres y de sus pensamientos. En realidad esto le daba al dios de blanco una tarea eterna.

Pasó el tiempo. Los hombres y las mujeres se multiplicaron, trabajaron, crearon su mundo, desarrollaron sus ideas y fueron conociendo a sus dioses. Supieron que el dueño de los destinos y las encrucijadas era Elegguá, el de rojo y negro, el más pequeño y el más grandc; tuvieron contacto en el río con Oshun, la diosa del amor y la dueña de la miel; tuvieron en cuenta al entrar al monte que allí reina Oggún, guerrero dueño de los metales; respetaron a Changó, el dios rojo de la guerra; temieron a Oyá, llena de colores y dueña de la centella; conocieron que

sobre sus cabezas reina Obatalá y que la madre de todos era Yemayá, la dueña del Mar. Así fueron creciendo y conociendo a todos los dioses y diosas que debían respetar y amar.

Un día, decidieron congratular a sus dioses con una fiesta, se celebraría el primer *wemilere* en la Tierra. Los hombres se juntaron y buscaron las carnes más finas, los mejores pescados, las aves más tiernas, las frutas más dulces. Engalanaron sus casas, limpiaron sus cuerpos haciendo *ebbó*, prepararon un omiero compuesto de agua y yerbas de todo tipo para invocar a sus deidades y estuvieron muchos días y noches cocinando platos exquisitos, cantando y bailando para animar el wemilere. Todavía hoy día nadie se explica cómo pudieron olvidarse de festejar a Yemayá, la madre universal, la dueña de las aguas saladas. Ella que supo engendrar al ser humano y que no había sido tomada en cuenta.

En el fondo del mar el toque de los tambores despertó a Yemayá de su largo sueño. Preguntó a sus fieles servidores del océano que *sucedía* en la tierra y ellos le contaron que los hombres estaban haciendo una enorme fiesta para sus dioses. De un solo golpe de agua Yemayá se subió a la cresta de una enorme ola y fue a la superficie. Daba miedo verla cabalgar pálida de ira mientras se refrescaba el rostro con su abanico de perlas y corales. Ella que era tan generosa también podía ser muy vengativa. No le perdonaba a los seres humanos el olvido. Fue por ello que conjuró al mar, su fiel servidor, y comenzó a tragarse la tierra con los hombres, mujeres, niños, casas, animales, y todo lo que ella misma había creado. Los seres humanos corrían espantados, no sabían a dónde dirigirse, ni cómo ponerse a salvo. Todo era devorado por las aguas embravecidas. Por más que pidieron perdón la diosa ni siquiera los miró. Desde lo alto de la enorme ola movía su abanico mientras continuaba devorándolo todo.

Fue entonces que los hombres se acordaron de Obatalá, el dueño de sus cabezas, él también los había creado. Clamaron por su ayuda y el dios escuchó. Fue él quién le pidió a Olofi, el dios supremo que no permitiera que el hombre y su mundo fueran exterminados. Olofi atendió este pedido y le entregó su cetro para que bajara a la Tierra a interponerlo entre la enfurecida Yemayá y los humanos para restablecer el orden.

Obatalá bajó, puso ante los ojos iracundos de Yemayá el cetro divino y pidió el perdón para los seres humanos, y ella, sólo por respeto a su padre contuvo las aguas, pero exigió que desde ese día y para siempre, los hombres la consideraran como su madre y que para dirigirse a ella en señal de respeto dijeran,

"Yemayá aguayá okere okún,

olomí carabó,

y yá vió legú eyintebbé,

agua si lecú,

Yemayá obbiní kugua yo,

kueana okún,

ere ebba mío"

Esto más o menos quiere decir: Yemayá, mi madre universal, dueña de todas las aguas, madre de cabello de plata que peina la laguna, protégenos del mal, ampáranos.

The Creation of the World

An Afro-Cuban myth retold by Elvia Pérez.

In the beginning of time, the earth was just an enormous ball of fire. Nothing existed—only smoke and ashes. Olofi, the all-powerful god, watching all this from the heights, felt compassion, and decided that life should exist. That's why he sent his daughter Yemayá, the universal mother, to quench the thirst of the earth with her waters. The goddess descended in the form of rain. First, she put out the fire. Then she cooled down the earth. And then, with her liquid body, she began to fill up every single hole, every hollow, and every ravine, and this is how the rivers, the lakes, and the ocean were born. This is how life was born.

Yemayá worked and worked day and night to complete her project: the creation of the world. Fish emerged from the waters, then birds and all the animals, including humans. When the goddess saw that her work was finished, she went to rest at the bottom of the sea where she had installed her rich kingdom. There she fell asleep. Time passed, and Olofi observed the earth from up above and proudly contemplated Yemaya's work. But as he looked more attentively, he noticed that humans were going from one place to the other without heads. That's why they walked around vacuously, lacked any ideas, and couldn't create anything at all. Olofi thought it was understandable that his daughter had forgotten this, since she had been working so hard to create it all. To let Yemayá rest, he decided to send his son Obatalá, he who dresses all in white, to put heads on the human's shoulders. Obatalá, the one in white, the harmonious one, descended on earth, and with his own hands molded clay. He constructed the heads and started to put them on each of the humans' shoulders, one by one. When he was finished, he put his hand over all of them and gave them the light of understanding. Now men could walk around without tripping; they had ideas and started to build their own world.

Obatalá went back to his father and told him that the job was completed. Olofi warned him, in his wisdom, that the job he had just finished turned him into the lord of humans' heads and thoughts. In fact, this gave Obatalá an eternal duty.

Time passed. Men and women multiplied, worked, created their world, developed their ideas, and started to know their gods. They learned that the lord of the roads and the crossroads was Elegguá, in red and black, the smallest and the greatest. At the river they contacted Oshun, the goddess of love and owner of honey. As they went into the mountains, they learned about Oggún, warrior god of metals. They respected Changó, the red god of war. They feared Oyá, full of colors and controller of lightning. And they learned that over their heads Obatalá reigned and that the mother of all was Yemayá, the goddess of the ocean. Thus they were growing and learning about all the gods and goddesses that they were supposed to respect and love.

One day, they decided to honor their gods with a party, a *wemilere*. The first *wemilere* was going to take place on earth. Men got together and searched for the finest meats, the best fish, the tenderest poultry, and the sweetest fruits. They decorated their homes and washed their bodies. Making *ebbó,* they prepared an omiero made of water and all kinds of herbs to invoke their deities. They spent many days cooking exquisite dishes, singing and dancing to enliven the *wemilere*. Still today, they can't figure out how it could be that they forgot to celebrate Yemayá, the universal mother, the owner of the salty waters. Yemayá, who was the only one who knew how to create humans, had not even been remembered.

At the bottom of the sea, the sound of the drummers awoke Yemayá from her long nap. She asked her faithful ocean servants what was happening on earth. They replied that the men and the women where preparing a huge party for their gods. In a single swoosh of water, she rose to the crest of an ocean wave to the surface. It was scary to see her riding, white from rage, while refreshing her face with a pearl and coral fan. As generous as she was, she could be vindictive. She couldn't forgive humans for having forgotten her. That's why she bewitched the ocean, her faithful servant, and started to swallow the earth with all the men, women, children, houses, animals, and all that she had herself created. The human beings were running about in horror. They didn't know where to go or how they could be safe. Everything was being swallowed by the fierce waters. They begged to be forgiven, but the goddess didn't even look at them. From upon her huge wave, she kept on shaking her fan while devouring everything on earth.

That's when humans remembered Obatalá, the owner of their heads; he had also played a part in their creation. They cried out for his help, and he heard them. It was he who asked Olofi, the supreme god, not to allow that humans and their world should be exterminated. Olofi gave Obatalá his scepter so that he could go down to earth and intercede between Yemayá and the humans, and in this way restore peace.

Obatalá went down to earth, and he put before Yemayá's angry eyes the divine scepter, asking forgiveness for the human beings. Yemayá, only for the respect that she owed to her father, held back the waters but demanded that from that day on, humans should consider her as their mother, and every time they referred to her they should say in respect:

Yemayá aguayá okere okún,

olomí carabó,

y yá vió legú eyintebbé,

agua si lecú,

Yemayá obbiní kugua yo,

kueana okún,

ere ebba mío.

Which means, more or less, "Yemayá, my universal mother, ruler of all waters, mother of silver hair that combs the lake, protect us from evil, help us."

Elegguá: Dueño de los caminos

Leyenda de la tradición oral afrocubana en versión de Elvia Pérez.

Cuentan los ancianos en África que Elegguá, antes de ser un dios era un príncipe joven y hermoso. Dicen que era el mejor jinete de todo su reino y que su padre, el rey de Añaguí, vivía orgulloso de sus habilidades qué eran muchas.

Cada mañana el joven heredero del reino, salía a recorrer los caminos acompañado de su séquito. No se cansaba nunca, siempre curioso de encontrar nuevas rutas y veredas en sus bosques y más allá.

Una de esas mañanas, Elegguá, vestido con su traje rojo y negro se adentró en nuevos y profundos senderos. En el cruce de cuatro caminos vio refulgir una extraña luz y se detuvo. Bajó de su cabalgadura a ver de qué se trataba, pero cuando se acercó pudo comprobar que solo se trataba de un coco luminoso. El Obi, que así se llama el coco en tierra africana, era un enviado de Olofi, el dios supremo. Era por ello que tenía aquella luminosidad. El joven príncipe no comprendió este mensaje divino y viendo el Obi sólo como un raro objeto, lo metió a su alforja y lo llevó al castillo. Al llegar se lo mostró a su padre y a los miembros de su corte. Lo estuvo exhibiendo y jugando con él todo el día. Al llegar la noche lo dejó en un rincón de su habitación y se quedó profundamente dormido. A la mañana siguiente se levantó y reanudó sus paseos sin recordar al luminoso juguete. El coco fue perdiendo su luz hasta que se apagó. Cuando la luz desapareció, el príncipe en el bosque sintió un extraño dolor y cayó de su caballo. Sus servidores lo trajeron al castillo ya inconsciente por la fiebre.

Tres días con sus noches estuvo delirando el príncipe sin que nada consiguiera devolverlo a la realidad. Hablaba en sueños de la luz, de un camino de luz y del Obi. En la noche del tercer día murió sin que su padre y sus doctores pudieran hacer nada para impedirlo. El reino se llenó de luto y dolor, pero como si esto no bastara cayó una terrible plaga sobre sus cosechas y animales. El hambre y la enfermedad se apoderaron de todo y de todos. Ante tanta calamidad el rey de Añaguí convocó a los sabios ancianos: el consejo de los awó.

Estuvieron reunidos todo un día consultando a Orula, el dios de la adivinación, para saber porqué recibían tal castigo y obtuvieron la respuesta. El mismísimo Olofi, el dios supremo, había enviado a Obi, el coco, para que le rindieran honores, pero nadie entendió esto. El príncipe lo había tomado como un juguete y todos en el reino lo habían dejado morir en un rincón oscuro. Ahora que tenían la respuesta a sus preguntas los ancianos quisieron saber que había sido de su príncipe amado y que podían hacer para enmendar su error. La respuesta no se hizo esperar, Elegguá era ahora dios, estaba entre los dioses aprendiendo a respetar a Obi. Para enmendar el error y perpetuar su memoria debían hacer un

ídolo. Lo primero era buscar una buena piedra, luego hacer con caracoles sus ojos y su boca, luego consagrarla a Elegguá detrás de la puerta del castillo desde donde reinaría como el guardián de los hogares, el dueño de los caminos y las encrucijadas. Los ancianos cumplieron todo al pie de la letra y consagraron una piedra con ojos y boca de caracoles al dios Elegguá. Desde entonces a él se rinden honores detrás de la puerta de cada casa donde debe vivir, así como en el cruce de cuatro caminos. Y es también desde entonces que se dice en lengua lucumí: Ikú lovi osha, que quiere decir: el muerto parió al santo.

Elegguá, the Lord of the Roads

A folktale from the Afro-Cuban tradition, retold by Elvia Pérez.

The elders from Africa tell us that Elegguá, before he became a god, was a young and beautiful prince. They say that he was the best rider in the whole kingdom and that his father, the king of Añaguí, was very proud of his son because he had many special skills.

Every morning the young heir of the kingdom would go around the roads with his retinue. He never grew tired and was always curious to find new routes and paths in his forests and even beyond them. One of those mornings, Elegguá, dressed in his red and black suit, went into new and deep paths. At a four-way crossroad, he saw a strange light shinning, and he stopped. He got off his horse to see what was it was, but when he came close he saw that is was only a luminous coconut, giving off light. The Obi—that is what a coconut is called in African lands—was an envoy sent by Olofi, the supreme god. That was the reason for its luminosity. The young prince didn't understand the divine message and thought that the Obi was just a rare object, so he put it in his saddlebag and took it to his castle. There he showed it to his father and all the members of his entourage. He had been showing it off and playing with it all day long. When night arrived, he left it at a corner of his bedroom and fell sound asleep. The next morning, he rose and started his rides again, without thinking anymore about the luminous toy. The coconut started to fade its light until finally it died away. When the light disappeared in the forest, the prince felt a strange pain and fell from his horse. His servants brought him into the castle, already unconscious from the fever.

For three days and three nights, he was delirious, and nothing could bring him back to reality. He talked in his dreams about the light, about a road of light, and about the Obi. During the third night, he died. There was nothing his father or the doctors could do. The kingdom was filled with mourning and pain and, as if this were not enough, a terrible plague fell upon the harvests and the animals.

Hunger and illness took over everybody and everything. With all these calamities upon them, the king of Añaguí convened the wise elders, the council of the awó.

They spent all day consulting Orula, the god of divination, trying to find out why they were punished. They received an answer. Olofi, the supreme god himself, had sent Obi, the coconut, to be praised and honored, but nobody understood this. The prince had taken it as a toy and left it to die in a dark corner of the room. Now that they knew the answer to their questions, the elders wanted to know what had happened to their dear prince and what they could do to mend their mistake. The reply came quickly. Elegguá was now a god and was living among the other gods, learning to respect Obi. To mend their mistake, they had to build an idol to perpetuate the remembrance of Obi. The first thing was to find a good stone, then use shells to make its eyes and mouth, and then consecrate it to Elegguá behind the castle's door, where it would remain as the guardian of all homes, owner of the roads and of the crossroads. The elders, followed these instructions to the letter, and consecrated a stone with eyes and mouth made out of shells to the god Elegguá. Since then, honors are paid to him behind the door of each household, as well as at every four-way crossroad. And since then it is said in the Lucumí language: "*Ikú lovi osha*," which means, "The dead one gave birth to the saint."

Oshún, la dueña del oñí

Leyenda afrocubana en versión de Elvia Pérez.

Cuentan las voces ancestrales que Olofi, el dios supremo, otorgó un don a cada uno de sus hijos. A Elegguá le dio los caminos, a Yemayá las aguas, a Oggún los metales, a Ochosi el arco y la flecha, a Inle el conocimiento de las yerbas, a Changó el tablero de la adivinación, a Oyá la centella y así a cada uno. Sus hijos eran tantos que cuando le llegó el turno a su hija más pequeña, Oshún, solo le quedaba el *oñí,* que es como se dice en lengua africana miel.

La joven y hermosa muchacha se mostró satisfecha con lo que le otorgaban. Aun simple en apariencias, ella sabía que no lo era. Sólo la dulzura puede curar, sólo ella da alegría y no hay manera de que exista el amor ignorándola. Fue por esto, que consciente del poder de su don, lo cuidó en extremo y lo usó sabiamente.

Los años pasaron y cada uno de los dioses hijos del dios supremo reinó con sus dones. Cada quién los utilizó, los compartió con otros hermanos o adquirió otros nuevos. Fue de esta manera que Yemayá le dio las aguas dulces del río a su hermana Oshún, que

Elegguá se ganó el derecho a ser el guardián de los hogares y que Changó le entregó el tablero de la adivinación al sabio Orula para poder dedicarse mejor al arte de la guerra y la seducción.

Babalú Ayé, uno de los hijos de Olofi, había sido premiado con la virilidad. Era un mulato hermoso y lleno de bríos. Fueron tantas las mujeres que lo amaron y tantos los problemas que creó con ello que Olofi se vio precisado a hacerle una prohibición que lo contuviera un tanto: no podría tener relaciones con ninguna mujer en el jueves santo. Con esto esperaba Olofi que al menos tuviera su hijo un día al año para meditar y encontrar la necesaria madurez. Pero no fue así. Por más que se lo había propuesto, Babalú Ayé no pudo cumplir la promesa hecha a su padre. Cuando llegó el día marcado, él tenía una cita de amor con una hermosísima mujer. Pensó posponerla, pero la mujer no era del lugar y al día siguiente partiría a su país. Se dijo a sí mismo que si su propio padre le había otorgado el don de la virilidad, no tenía sentido que le pusiera restricciones. Se vistió de morado, su color preferido, y fue en busca de la extranjera.

Tuvo una inolvidable y ardiente noche de amor. Al amanecer la mujer regresó a su país pero el joven no pudo incorporarse de su lecho. Unas extrañas fiebres lo consumían, el cuerpo se le llenó de llagas y esa misma noche murió sin que nadie pudiera hacer nada al respecto.

Las mujeres que tanto lo habían amado lavaron su cuerpo maltratado por la enfermedad y lo perfumaron. Lo vistieron con túnicos morados que eran sus preferidos y se pusieron a llorar amargamente su muerte. Después de unas horas se les ocurrió la idea de que si iban todas juntos a interceder ante el dios supremo, quizás hiciera el milagro de devolverle la vida a Babalú Ayé.

Fue inútil. Olofi no las recibió y les envió un mensaje con su secretario: este era el justo castigo a la desobediencia. Las mujeres no se conformaron con esta respuesta y buscaron a Orula, el dios de la adivinación y le pidieron que consultara su tablero mágico. Orula las complació. Sacó su tablero y conjuró a los cuatro puntos cardinales, a los espíritus, y a los astros. La respuesta fue precisa. Sólo la dulzura podría lograr el milagro. Sólo alguien con poder sobre el amor podría llegar al corazón endurecido del dios supremo y encontrar el perdón. Cuando las mujeres se estaban preguntando quién podía ser esta persona, Orula les dijo que era Oshún, la dueña de la miel.

Mandaron de inmediato un emisario hasta el río a buscar a la dueña del oñí. Ella vino lo más rápidamente que pudo a ponerse a disposición de Orula. Por él conoció toda la tragedia acontecida y los designios revelados en el mágico tablero de Ifa. Accedió gustosa a interceder por el milagro que les devolviera a Babalú Ayé.

Juntos trazaron un plan y se dispusieron a ejecutarlo. Al día siguiente bien temprano Oshún fue hasta el jardín del palacio de Olofi y fue dejando caer su miel en cada arbusto, y después se fue a su casa a cumplir con el resto del plan. Se baño con algas y flores perfumadas. Se puso su más hermoso vestido amarillo, y sus cinco manillas de oro.

Se colocó un girasol en su pelo negro y se sentó a esperar.

Allá en el palacio Olofi se despertaba como cada día. También como cada día se fue a dar un paseo por su jardín mientras su secretario lo imponía de los acontecimientos más recientes. El sol comenzaba a subir y todo olía bien. Entre tanto olor a flor, rocío y yerba el dios supremo olfateó algo diferente. ¿Qué era aquello que entraba por su nariz y lo embriagaba? ¿Qué flor extraña producía aquel aroma tan dulce y agradable? Él quería saborear aquello de inmediato. Pero por más que buscaron no encontraron nada. Ya el sol había derretido la miel y solo quedaba su aroma. Olofi le dijo a su secretario que fuera a buscar a su hijo Orula, el sabio. Seguramente él sabría de qué se trataba.

Cuando llegaron a tocar a la puerta de Orula con el mensaje de Olofi ya él estaba con todo listo y esperando. Al enfrentarse a su padre dijo de la manera más natural posible que aquello que tanto lo inquietaba no era más que miel, el don de su pequeña hija Oshún. Estaba seguro que si tanto deseaba probar, ella gustosa le daría un poco. Ahora fue el mensajero hasta el río a buscar a la pequeña diosa del oñí, que también estaba preparada.

Ataviada con sus mejores galas y acompañada por cinco pavos reales llegó Oshún ante su padre. Cuando el dios supremo la vio tuvo que reconocer que su hija más pequeña era la más hermosa de las mujeres. Ella amablemente le dijo que por supuesto que le daría la miel que tanto deseaba pero que a cambio quería pedir un pequeño favor. Olofi tenía tantos deseos de probar la miel que dijo sí antes de saber de qué se trataba. Fue gracias a esta estratagema que Oshún consiguió que el dios supremo le devolviera la vida a Babalú Ayé a cambio de la miel. Aunque Olofi tuvo que cumplir su palabra y hacer el milagro, se las ingenió para mantener el castigo sobre el hijo desobediente. Lo regresó a la vida, pero en forma de anciano enfermo, con el cuerpo lleno de llagas y sin ningún don, para que tuviera que ir por el mundo de las penas y el sufrimiento, acompañado solo de dos fieles perros y pidiendo limosnas para vivir.

Fue así que la miel, algo tan pequeño pero tan necesario para todos logró el milagro que tantos no consiguieron, y es por ello que para invocar a la diosa del amor y la dulzura se le canta en lengua yoruba desde entonces: Yeye moró iki, yeyé moró iki sekure a la ibbo la iki, yeye moro oñi abbe. Quiere decir: Oshún, yeye moro, tú la dueña de la jícara de miel.

Oshún, the Keeper of Honey

An Afro-Cuban legend as retold by Elvia Pérez.

The ancient voices tell that Olofi, the supreme god, gave a gift to each of his children. To Eleggüá, he gave the roads; to Yemayá, the waters; to Oggún, the metals; to Ochosi, the bow and the arrow; to Inle, the knowledge of the herbs; to Changó, the board of divination; to Oyá, the lightening, and so on, until he had given a present to each one of his sons and daughters. There were so many of them that when it was the turn of Oshún, his youngest daughter, he only had the *oñí* left. *Oñi* is the word for honey in the Afro-Cuban language.

The young and beautiful woman showed satisfaction with that which was given to her. It was something that appeared to be very simple, but she knew it wasn't. Only sweetness can cure, only sweetness can give happiness, and there is no way for love to exist without sweetness. Knowing its power, Oshún took extreme care of her gift and used it wisely.

As the years passed, each one of the god's children and the supreme god, reigned with their gifts. Each one used them, shared them with another brother or sister, or acquired new ones. It was in this way that Yemayá gave sweet river waters to her sister Oshún, Eleggüá earned the right to be the guardian of all homes, and Changó gave the divination board to the wise Orula so that he could better dedicate himself to the arts of war and seduction.

Babalú Ayé, one of Olofi's sons, had been awarded with virility. He was a beautiful mulatto, full of energy. So many were the women who loved him and so many problems had he created with this, that Olofi had to make a prohibitive rule to contain him somewhat: He decreed that Babalú Ayé could not have relations with any woman on Holy Thursday. With this, he expected that Olofi would have at least one day a year to meditate and find the necessary maturity. But it didn't work that way. Even though he had good intentions, Babalú Ayé couldn't fulfill his promise to his father. When the marked day arrived, he had a love date with a very beautiful woman. He thought he could postpone it, but the woman wasn't from the area, and she was leaving the country the next day. He said to himself that if his own father had given him the gift of virility, it made no sense for him to impose restrictions on this. He dressed in purple, his favorite color, and went out in search of the foreign woman.

He had an unforgettable and burning night of love. At dawn, the woman went back to her country, but the young man could not rise from bed. Strange fevers were consuming him; his body was was covered with blisters and that same night he died before anyone could do anything about it.

The women who had loved him so much washed his body, so badly battered by the illness. They perfumed him and dressed him in his favorite purple tunics. Then they started to cry bitterly of his death. After some hours passed, the women had an idea. They thought that if they went all together to see the supreme god, it might be that he would bring about a miracle, returning Babalú Ayé to life.

It was useless. Olofi didn't want to see them, and he sent a message with his secretary: this was a fair punishment for disobedience. The women were not satisfied with this reply and went to see Orula, the god of divination, and asked him to consult his magic board.

Orula pleased them. He took out his board and invoked the four cardinal points, the spirits, and the stars. The answer was precise. Only sweetness could perform a miracle. Only somebody with power over love could reach the hardened heart of the supreme god and find forgiveness. When the women asked whom could that person be, Orula said, "Oshún, the keeper of honey."

They immediately sent an emissary to the river looking for the goddess of oñí. She came as fast as she could and put herself at the service of Orula. It was through him that she learned the tragedy that had occurred and the revelations of the magic tablet of Ifa. She was glad to help attain the miracle that could bring Babalú Ayé back to life.

Together they traced a plan and got ready to put it into action. The next day, early in the morning, Oshún went to Olofi's palace garden and dropped honey over each bush. Then she went home to carry out the rest of the plan. She bathed with algae and perfumed flowers. She dressed with her most beautiful yellow dress and her five golden bracelets. She put a sunflower over her black hair and sat down to wait.

There at the palace, Olofi rose as he did every day. Also as he did every day, he went for a walk around his garden while his secretary informed him of recent events. The sun started to rise, and everything smelled good. Between such intense smells of flowers, dew, and herbs, the supreme god smelled something different. What was this odor that came to his nose and overwhelmed him? What strange flower produced this smell, so sweet and pleasing? He wanted to savor it immediately. But as hard as they looked, they could find nothing. The sun had already melted the honey, and only its aroma remained. Olofi told his secretary to go look for his son Orula, the wise one. Surely he would know what it was all about.

When the secretary reached Orula's door with Olofi's message, Orula was ready and waiting. He told his father in the most matter-of-fact way that what was stirring him was only honey, the gift of his young daughter Oshún. Orula told Olofi's messenger that he was sure she would be glad to give him some if Oshún wished to taste it. Then the messenger went to the river in search of the little goddess of oñí, who was also prepared.

She went to see her father, dressed in her finest clothes and with the company of five peacocks. When the supreme god saw her, he had to admit that his youngest daughter was the most beautiful of all women. Kindly she said that of course she would give him the honey that he wished but that she wanted to ask for a small favor in exchange. Olofi wanted to taste the honey so badly that he said yes before knowing what she would ask of him. And with this, in exchange for the honey she was able to make the supreme god return Babalú Ayé to life. But even though Olofi had to keep his word and create a miracle, he found a way to punish his disobedient son. He brought him back to life but in the form of a sick old man, with a body covered with sores and without any gift. He had to wander around the world of sorrows and suffering, with his two faithful dogs, begging in order to live. It is thus that honey, something so small but so necessary to all, achieved the miracle that others could not achieve. And because of this, to invoke the goddess of love and sweetness, one must sing in the Yoruba language:

Yeye moró iki, yeyé moró iki sekure a la ibbo la iki, yeye moro oñi abbe.

Which means: "Oshún, yeye moro, you are the keeper of the gourd of honey."

Historia de las invencibles

Patakí de la tradición oral africana en versión oral de Elvia Pérez.

Había una vez dos hijas de un anciano matrimonio que no alcanzaron riquezas de la tierra ni del cielo, aunque cada una nació con un don peculiar. Una, llamada Azul, era excelente guerrera, manejaba con destreza cualquier tipo de arma y sabía comandar un ejército como el mejor general. Como si esto fuera poco, sabía construir embarcaciones y navegar como el más experimentado marino. Cuentan los que la vieron realizando estas faenas, que en esos momentos su cuerpo parecía más grande, más fuerte, casi una columna o un gigante, pero hermosa y elegante.

La otra, llamada Ámbar, no era amiga de batallas sino de canciones y palabras suaves que arrullaban en los oídos como miel. Su cuerpo más delgado y pequeño que el de su hermana era sin embargo muy resistente al trabajo. Era persistente y tesonera, cuando se entregaba a una labor no contaba las horas ni el esfuerzo, no escuchaba al hambre o al sueño hasta verla terminada. No se quejaba del esfuerzo, iba contenta y convencida que ése era su destino: hacer y construir. Cuentan los que la conocieron que su cuerpo se movía con una agilidad y firmeza que recordaba a las garzas y que su voz era tan agradable como el canto del jilguero en el campo.

Llegó el día en que los ancianos padres murieron y las hermanas decidieron probar suerte cada una por un camino diferente en busca de su futuro. Se abrazaron y se prometieron que no importara cuánto tiempo pasara sin que se volvieran a encontrar, el cariño seguiría intacto dentro de sus corazones.

Azul, la guerrera , tomó una de sus barcazas y se hizo a la mar. Llegó a un reino donde había una gran batalla por obtener el trono. No venía dispuesta a pelear, ni siquiera conocía al monarca, pero con solo poner los pies en la tierra, tanto uno como otro bando la atacaron. Envuelta de esta manera en un combate que no buscó no tuvo más remedio que pelear por su vida. Con su magnífica capacidad para la pelea venció a unos y otros y sin proponérselo, llegó al trono. Fue coronada reina y los ejércitos la reconocieron como única líder. Incluso el derrocado rey, lleno de admiración por aquella mujer singular, aceptó ser su esposo.

La otra hermana, Ámbar, caminó en busca de un lugar donde hacer su vida y llegó hasta un cayo casi desierto. No había mucha tierra, ni plantas, ni animales, pero ella decidió fundar allí su reino. Trabajó cada día como si fuera el último de su vida. Labró la tierra que comenzó a dar hermosos frutos, crió animales hasta llenar el lugar de todas las especies, levantó un palacio donde no había nada y le dio casa y comida a los que vivían allí como indigentes.

Después de un tiempo el lugar era casi un paraíso y reinaba en él la justicia y la abundancia. Fundó una familia con un hombre muy trabajador y honrado y tuvo familia. En la medida que esto se conoció, se despertó la envidia y la ambición de reyes y gobernantes vecinos. Querían aumentar sus dominios con el pequeño y próspero imperio de Ámbar. Fue por esta razón que le declararon la guerra sabiendo que no estaba acostumbrada a combatir y que fácilmente ganarían. Ante esta situación, la trabajadora reina se sintió perdida. No sabían combatir ni ella ni su pueblo, no tenía tiempo suficiente para prepararse y no quería entregar lo que tanto esfuerzo le había costado hacer.

Uno de sus consejeros le dijo que pidiera ayuda a una reina vecina que tenía fama de comandar ella misma sus ejércitos. Ámbar en un gesto desesperado le envió una carta a la desconocida reina explicándole su situación. La otra soberana era nada más y nada menos que Azul, quien reconoció de inmediato la firma de su hermana. En un santiamén formó sus ejércitos y fue hacía el reino de Ámbar. La pelea fue desigual y magnífica. El ejército de Azul estaba muy entrenado y aunque eran menos, ganaron la batalla sin dificultad.

Una vez pacificada la situación y restablecido el orden, las hermanas disfrutaron de su reencuentro y se alegraron de saber una de la otra. Renovaron su pacto de mutua ayuda y cuentan que desde entonces el ejército de Azul protegió el reino de Ámbar y los trabajadores de ésta enviaron siempre abundantes frutos y animales al reino de su hermana. Gracias a esto en ambos reinos siempre hubo paz y abundancia y esta leyenda de amor y fidelidad de las hermanas ha llegado hasta nosotros como la de "las invencibles".

The Story of the Invincible Women

A Pataki from the Afro-Cuban oral tradition as retold by Elvia Pérez.

Once upon a time, there were two daughters of an old couple. They gained no riches from the earth or the sky, but each was born with a special gift. One, called Azul, was an excellent warrior who could skillfully handle any weapon and knew how to command an army as well as the best major general. She knew how to plan voyages and sail just like an expert mariner. Those who saw her carrying out these duties say that at those moments, her body seemed larger, stronger—like a pillar or a giant—yet beautiful and elegant.

In the countryside, the other girl, called Ámbar, was not fond of battles but of songs and soft words that fell on the ear like honey. Her body, smaller and thinner than her sister's, was still very capable of work. She was persistent and tenacious, and when she was immersed in a labor, she didn't count the hours or the effort.

She paid no attention to hunger or her weary body until she saw the job completed. She didn't complain about the effort, for she was happy and convinced that this was her destiny—to build and construct. Those who knew her say that her body moved with a grace and firmness that resembled the herons and that her voice was as pleasant as the song of the goldfinch.

The day arrived when the old parents died, and the sisters decided to try their luck on different roads in search of their futures. They hugged each other and promised that no matter how much time passed before they met again, their love would remain intact in their hearts.

Azul, the warrior, took one of her barges and went to sea. She arrived at a kingdom where there was a great battle over the throne. She wasn't ready to fight, for she didn't even know the monarch, but she had hardly set foot on the shore when both sides started to attack her. Immersed in this way in a battle that she hadn't sought, she had to fight for her life. With her great capacity for battle, she defeated both sides and, without intending to do so, she earned the throne. Azul was crowned queen, and the armies recognized her as their only leader. The defeated king agreed to become her husband, for he was full of admiration for this incredible woman.

The other sister, Ámbar, wandered in search of a place where she could start her life and arrived at a nearly deserted island. There wasn't much land there, no plants or animals, but that's where she decided to base her kingdom. She worked every day as if it were the last one of her life. She ploughed the earth, and it began to bear beautiful fruits. She bred animals until she filled the place with all kinds of species. She built a palace where nothing had stood before and gave food and a place to live to the needy.

After some time, the place was almost a paradise, and justice and abundance reigned. She married a good, honest worker and formed a family. As the news about this place reached others, some neighboring kings became envious and ambitious. They wanted to enlarge their domains with Ámbar's small and prosperous empire and declared war on her. They thought that it was going to be easy to win since they knew that she wasn't used to fighting. The queen felt lost. Neither she nor her people knew how to fight. They didn't have time to prepare themselves, but she didn't want to give up what had cost her so much to build.

One of her advisors told her to ask for help of a neighboring queen who was known to command armies. Ámbar, in a desperate gesture, sent a letter to the unknown queen explaining her situation. The other ruler was no more nor less than Azul, who immediately recognized her sister's signature. In a flash, she gathered her armies and went to Ámbar's kingdom. The combat was one-sided and magnificent—Azul's army was very well trained, and even though they were fewer in number than their enemies, they won without difficulty.

Once peace and order were restored, the two sisters enjoyed their reunion and were happy to find out about each other. They restored their pact to help each other, and from then on, Azul's army protected Ámbar's kingdom. At the same time, Ámbar's workers sent abundant fruits and animals to her sister's kingdom. Thanks to this, in both kingdoms there was always peace and abundance. This legend of love and fidelity has come down to us as the story of the Invincible Women.

Traditional hand-clapping singing game.

Children's singing game.

Ceibo trees are considered magical. At a very old Ceibo such as this, offerings are sometimes left for the gods believed to live in the tree.

The group Giganteria, storytellers on stilts, perform in Old Habana.

The long bus, called a *camello* carries two hundred passengers at a time.

Cuba is known for its vintage cars. Many can be seen on the streets of Habana.

View from the author's home. Habana neighborhood.

A horse carriage on the streets of Habana.

Children's librarian in the Matanzas library.

Street vendor in Old Habana.

Example of Cuban crafts.

Examples of Cuban crafts.

Mirta Bautista and son hold fabric art created by Mirta. This depicts the Yoruba god Elegguá, guardian of the roads. He is associated with childhood and is shown here with toys.

Sylvia Telleria performs at the Associación Yoruba de Cuba.

Cuban tellers take a dance break during courtyard performance.

The book's author, Elvia Pérez, at entrance to Unión de Artistas y Escritores de Cuba.

Old Habana.

Cuentos de Animales
Animal Stories

In this chapter we present stories derived from different immigrant groups. In the case of "La mona" ("Ms. Monkey") we have a story with Haitian antecedent. "Laz garzas" ("The Herons"), "El gallito Kikiriki" ("The Kikiriki Rooster"), "El baile sin cabeza" ("The Headless Dance"), and "Ambeco y Aguatí" ("Ambeco and Aguatí") are of African origin. "Ambeco and Aguatí," however, also has variants in Spain, Jamaica, and many other parts of the world. It is sometimes told of the hare and the tortoise. In four of these stories, we find songs in the languages of the various people, although in some, such as "El baile sin cabeza," the song appears in Spanish. All of these stories use animals to teach a lesson for human behavior, in the same manner as the European fables.

La mona

Versión de Elvia Pérez. Recogido de la tradición oral por Martha Esquenazi.

Esta es la historia de una mona monísima. Tenía un cuerpo escultural, unas largas pestañas, una boca bien formada, mucho pelo en el cuerpo y muy poco en su cabeza.

Ella se miraba al espejo y se preguntaba qué tenían las señoras que ella no tuviera, porque a decir verdad estaba bien formada, lucía muy bien y sabía comportarse como toda una dama. En cuanto a su escaso cabello, ella conocía a muchas señoras casi calvas y sin embargo nadie las cuestionaba por eso.

Lo que realmente le molestaba para ser una verdadera señora era aquel largo y peludo rabo, porque eso sí, no conocía a ninguna dama que tuviera uno igual. Se dijo a sí misma que esta pequeña diferencia ella tenía que vencerla y convertirse en lo que siempre había soñado ser: toda una dama.

Pasó muchas horas sin sueño pensando en qué hacer con aquel dichoso rabo. Podía conseguir quién se lo cortara, pero eso en verdad le daba mucho miedo. Lo ideal era esconderlo, pero ¿cómo?

Tanto pensó y pensó que un día encontró la solución. Se amarró muy fuerte el rabo en torno a la cintura, se vistió como una señora, cubrió su cabeza con un pañuelo para que no vieran su escaso cabello, se colocó un cinturón bien apretado en la cintura para sujetar el rabo, recogió toda sus pertenencias y se mudó a un lugar donde nadie la conociera y comenzó una nueva vida, ahora como la señorita Mon.

Estaba realmente tan mona que en cuanto se instaló en el nuevo pueblo se le presentaron muchos pretendientes, pero ella era selectiva, no se entregaría a cualquiera y fue desechando. Los que comían mucho le desagradaban por glotones, los que estaban muy delgados tenían aspecto de enfermos, los que fumaban contaminaban el ambiente y jamás aceptaría a uno que no le gustara bailar, porque si algo amaba ella era moverse al compás de un tambor.

Fue así que estuvo sola hasta que un día paseando por el parque, se encontró de buenas a primeras con Salustiano, un campesino de buen aspecto, que no fumaba, no estaba gordo ni flaco y era muy alegre y bailador. Ni hay que decir que Salustiano quedó encantado con aquella mujer tan exótica y velluda. Él le declaró su amor y ella lo aceptó, con lo cual comenzó un noviazgo monísimo. Cada tarde paseaban por el parque con las manos tomadas, se daban algunos besitos y Salustiano cantaba sus tonadas y sones.

La relación iba muy bien, hasta que la vida, que tiene sus cosas inesperadas hizo que lo que tanto le gustaba de Salustiano fuera su desgracia. Y esto fue en una fecha cercana al fin de año, cuando en todos los pueblos se dan fiestas y vienen orquestas para los bailes. Así hasta ese pequeño pueblo llegó una orquesta de nadie sabe dónde, pero que traía unos sones tan extraños que todos querían cantar y bailar. En cuanto se convocó el primer baile Salustiano fue a buscar a su novia y a ella no le quedó más remedio que amarrar bien su rabo, vestirse con su mejor traje, poner en su calva cabeza su más hermoso pañuelo e irse del brazo de su novio al baile.

Al llegar, la orquesta estaba tocando un son que decía algo más o menos así:

"Simbra mani, simbra maní, simbra maní tatá kole!".

Era un ritmo muy contagioso y de inmediato Salustiano y su novia se fueron a bailar. Ella se movía cadenciosamente mientras le comentaba:

- Ay Salustiano, que buena música, no sé porque me recuerda algo.

- Pues disfrutemos - respondía el hombre y seguían bailando.

"Simbra maní, simbra maní, simbrá maní tata kolé!"

Una y otra vez se escuchaba el son cada vez con más fuerza y la señorita Mon bailaba y bailaba sin poder contenerse, movía sus caderas, se contorsionaba, hacía giros extraños mientras cantaba:

"Simbra maní, simbra maní, simbrá maní tata kolé!"

Tanto bailó y saltó que de pronto su rabo se soltó. Todos en el baile quedaron asombrados al descubrir quién era en realidad la señorita Mon. La orquesta dejó de tocar, las personas se apartaron de ella como si apestara y su novio se quedó tan impactado que no conseguía hablar ni moverse. ¡Acababa de descubrir que su novia tenía un enorme rabo peludo!

La señorita Mon muy apenada salió corriendo del lugar y hasta el día de hoy nadie ha vuelto a saber de ella, pero dicen que es por esta razón y desde entonces que se dice: "La mona aunque se vista de seda, mona se queda".

Ms. Monkey

Version by Elvia Pérez. Collected from the Cuban oral tradition by Martha Esquenazi Pérez.

This is a story about a *mona moníssima*—a very cute lady monkey. She had a beautiful figure, long eyelashes, full lips, plenty of hair all over her body, and very little on her head.

She often looked at herself in the mirror and wondered what the real ladies had that she didn't have. Because to tell the truth, she was very shapely. She was good looking, and she knew how to behave like a real lady. As for the lack of hair on her head, she knew several fine women who were almost bald, and nobody questioned *them* about it.

What was really keeping her from being a lady was her long, hairy tail. She knew that no true lady had one of those. She said to herself that she could conquer that minor detail and transform herself into her dream—a real lady!

She spent many sleepless hours pondering the problem of what to do with her tail. She could find someone to cut it off, but that was too scary. It seemed like the only thing to do was to hide it. But how?

After thinking and thinking, she finally came up with a solution. She wound her tail tightly around her waist and put on an elegant dress. She tied a bandana around her head to hide her baldness and tied a sash around her waist to keep her tail in place. Then she packed up all her belongings and moved to a place where nobody would recognize her and started a new life. She was now *Señorita Monita.*

She was really so good looking that when she moved to town, many men came courting, but she was very particular. She wasn't about to date just anyone. She didn't like the ones who ate too much because they were fat. The ones who were skinny looked sickly. The ones that smoked polluted the air. But above all, she could *never* accept someone who didn't like to dance. If there was one thing she really enjoyed, it was to move to the rhythm of a drum.

Thus it was that she remained single, until one day walking through the park she came face to face with Salustiano. He was a good-looking farmer who didn't smoke, wasn't skinny or fat, was a very happy person, and was a great dancer.

I don't have to tell you that Salustiano was enchanted with this exotic and hairy woman. He declared his love for her, and she accepted. That's how their sweet little romance got started. Every evening they strolled in the park, holding hands and kissing, and Salustiano sang his *tonadas* and *sones.* The relationship was going well—until one of life's little twists turned Salustiano's joy to misfortune.

It happened close to New Year's Eve when there are parties and dances in every village and bands travel from town to town. So it was that a band arrived at the town where they lived. No one knew how it got there or where it came from, but it played such unusual songs that everyone wanted to sing and dance.

As soon as the dance started, Salustiano went to get his sweetheart. The best she could do was to fasten her tail very tightly, put on her best outfit, cover her head with her prettiest scarf, and go off to the dance, holding her boyfriend's hand.

When they got to the dance, the band started playing a tune that went something like this:

Simbra maní, simbra maní, simbra maní tatá kole.

It was a catchy tune about sowing peanuts! Right away Salustiano and his sweetheart started to dance. As she swayed back and forth to the music, she said, "Ay, Salustiano, what a wonderful song! I don't know why, but it seems to remind me of something."

"Let's just enjoy it," he replied. And they kept on dancing.

Simbra maní, simbra maní, simbra maní tatá kole.

They played the song over and over, each time louder than the last, and Señorita Monita was dancing out of control—shaking her hips, twitching her body, spinning around as she sang:

Simbra maní, simbra maní, simbra maní tatá kole.

She was dancing so wildly that finally her tail broke loose!

Everyone at the dance was aghast. They realized who Señorita Monita really was.

The band stopped playing, and everyone moved away from her as if she smelled awful. Her boyfriend was so shocked that he couldn't move or say a word. He had just discovered that his sweetheart had a long, hairy tail!

Señorita Monita ran away in shame, and from that day to this no one knows what became of her. But people claim that because of this, ever since then, we've had the saying:

Aunque la Mona se vista de seda,
Mona se queda.

Although the Monkey dresses in silk,
a monkey she remains.

Note: For music, see page 109.

Las garzas

Cuento de la tradición oral recogido por Martha Esquenazi y en versión oral de Elvia Pérez.

Esta es la historia de dos garzas grandes y blancas que un día se encontraron, se amaron, pusieron los huevos y se fueron.

Los huevos se empollaron solitos y al tiempo rompieron el cascarón. Cuando las pequeñas garcitas asomaron sus cabecitas al mundo, se preguntaron dónde estarían su padre y su madre, porque en verdad todo el mundo tiene padre y madre. Estaban tratando de buscar una explicación cuando la más pequeña dijo:

- Si tenemos padre y madre los encontraremos por nuestro canto que dice:

Tin ganga o, tin ganga o,
yo mama ganga reré,
yayangrosio,
serecusere mi yayangrosio. *

Esto les pareció una buena idea y salieron volando en busca de padre y madre que es lo más hermoso que uno tiene.

Después de un rato vieron en el firmamento un ave grande y blanca, que se parecía mucho a la idea que tenían de su madre, y fue por eso que dijeron:

- Señora, ¿es acaso usted nuestra madre?

La que venía volando era la paloma, le dio tanta ternura ver a unas pequeñas garcitas solas por el mundo que sin pensarlo mucho respondió:

- Si, yo soy su madre.

¡Qué contentas se pusieron las pequeñas garcitas! Finalmente encontraban a su madre. Iban a irse con ella cuando la más pequeñita preguntó:

- Señora . . . ¿usted canta?

- Claro que canto - respondió la paloma y cantó:

Si ambere, si ambere,
bembere sió sió,
si ambere si ambere,
tu matitisao,
marenbe regua o ya o sió.

Muchos cuentos afrocubanos contienen caciones de origen africano, comunmente llamadas "congas". En la mayoría de los casos, el significado de las mismas se ha perdido con el correr del tiempo, pero la alegría de cantarlos, continúa.

- ¡Ay señora!, ¡Qué pena! Pero ese no es nuestro canto - dijo la pequeña garcita. - Nuestro canto dice:

Tin ganga o,
tin ganga o,
yo mama ganga reré,
yayangrosio,
serecusere mi yayangrosio.

Y después de esto continuaron su vuelo. Estuvieron mucho rato volando y buscando en el cielo azul padre o madre.

Después de un tiempo, vieron en el cielo, justo delante de ellas, a un pájaro negro que en nada se parecía a la idea que tenían de su padre, pero cuando uno anda buscando a su padre no se fija en pequeñeces de colores.

Sin pensarlo mucho gritaron:

- Señor, ¿es acaso usted nuestro padre?

El que venía era el totí, que no por gusto tiene tan mala fama entre las aves, y es porque se la pasa de fiesta en fiesta y de novia en novia. El totí se quedó muy sorprendido de que aquellas garcitas pretendieran ser sus hijas. Se dijo que ya tenía feos antecedentes y no quiso empeorarlos, no se acordaba de tener hijas pero si ellas lo decían debía ser cierto. Fue por esta razón que respondió:

- Si claro, yo soy su padre.

¡Qué contentas se pusieron las garcitas! ¡Al fin tenían un padre! Todas se iban a ir con él cuando la chiquita, que no estaba convencida preguntó:

- Señor, ¿y usted canta?

Todo el mundo sabe que el totí ni canta ni come frutas, pero ya puesto en esa situación no tuvo más alternativa que responder:

- Claro que yo canto. Mira yo digo:

Rin cun cun tincu,
rin cun tin cun tin.

Y después de hacer algunos intentos de cantar hizo silencio.

Fue en ese momento que las garcitas dijeron:

- ¡Qué pena señor! Pero usted no es nuestro padre porque nuestro padre cantaría así!

Tin ganga o,
tin ganga o,

yo mama ganga reré
yayangrosio,
serecusere mi yayangrosio.

Y después de esto siguieron su camino.

Como entendieron que en el cielo no encontrarían a sus padres decidieron mirar en la tierra. Bajaron un poco y fueron mirando con cuidado a uno y otro lado.

Después de un rato observaron a una mujer que estaba lavando su ropa al sol.

Su aspecto para nada se parecía a la idea que tenían de una madre, pero ya sabemos que cuando uno está buscando a su madre no se fija en pequeñeces. Se fueron acercando lentamente porque desde lejos se veía que la mujer no estaba contenta. Cuando estuvieron al alcance de su oído preguntaron:

- Señora, ¿será acaso usted nuestra madre?

La mujer estaba muy molesta, no sólo por tener que lavar tanta ropa sino porque además había un sol de mil demonios. Le pareció casi una burla lo que le preguntaban las garcitas y sin mirarlas y de muy malos modos respondió:

- ¡Sí, cómo no! ¡Yo soy su madre!

Las pequeñas aves se dijeron que la mujer tenía en verdad muy malas pulgas, pero tratándose de la madre de uno todo se perdona. Se iban a acercar más para tratar de ayudarla a lavar la ropa cuando la pequeña preguntó:

- Señora, ¿usted canta?

La mujer pensó que era el colmo de la desfachatez de las garcitas pedirle que cantara con tanto trabajo que tenía por hacer. Mordiendo las palabras y simulando un canto respondió:

- Si como no, yo canto:

Sopuá sopuá,
como yo lavá.

Las garcitas se fueron alejando lentamente de aquella mujer tan furiosa y ya bastante lejos le dijeron:

- Que pena señora, pero usted tampoco es nuestra madre porque nuestra madre cantaría:

Tin ganga o,
tin ganga o,
yo mama ganga reré,
yayangrosio,
serecusere mi yayangrosio.

Las garcitas siguieron su camino y por más que buscaron en el cielo y en la tierra, no encontraron a su padre ni a su madre. Estaban en verdad agotadas cuando decidieron bajar a tomar agua a una laguna. Allí estaban cuando por un lado vieron aparecer a un bicho raro que venía dando traspiés. No se parecía en nada a la idea que tenían de su madre, pero cuando uno anda buscando a su madre no se fija en pequeñeces. Abrieron sus picos y dijeron:

- Señora, ¿es acaso usted nuestra madre?

La que venía era la tortuga. Había estado toda la noche en una fiesta y bebió mucho jugo de caña. Venía tan alegre que lo mismo le daba ser la madre que el padre de cualquiera. Cuando entre las brumas de la resaca vislumbró a las garcitas le parecieron muy graciosas y efusiva respondió:

- ¡Claro que sí! ¡Yo mismitica soy su madre!

¡Qué felices estaban las garcitas de encontrar a su madre! Claro que estaba en unas condiciones que tendrían que bañarla y ponerla a dormir, pero que no hace uno por una madre. Se disponían a cumplir con lo que creían su deber cuando la pequeña que no estaba convencida de la maternidad de la tortuga preguntó:

- Señora . . . usted canta?

La tortuga era la más divertida del monte, no había guateque ni cumpleaños donde no estuviera, así que respondió:

- Yo canto, bailo y toco el timbal! Mira, acabo de componer un son que dice así:

Ay pobrecito Don Pedro,
musenlá musenlá
pobrecito Don Pedro,
musenlá musenlá,
me voy pá mi casa,
musenlá musenlá.

Y después de esto, cayó al agua de la laguna dejando a las garcitas como antes: sin padre y sin madre. Se pusieron de acuerdo para regresar al nido y allí esperar a que sus padres regresaran. Tomaron agua. Se iban cuando por el otro extremo de la laguna vieron legar a dos aves grandes y blancas. Eran muy parecidas a la idea que tenían de su padre y su madre. Se animaron y preguntaron:

- Señora, señor, ¿serán acaso ustedes nuestros padres?

¡Y claro que sí! Eran las garzas blancas que un día se amaron, pusieron los huevos y se marcharon que ahora regresaban al nido. Se sintieron orgullosas de encontrar a sus hijas tan hermosas y grandes. Dejaron de beber agua y con amor respondieron:

- ¡Si, somos sus padres!

¡Qué enorme alegría! Al fin tenían padre y madre que son lo más grande que uno tiene en la vida. Iban a irse con ellos volando cuando la chiquita, que aún recelaba preguntó:

- Y . . . ¿ustedes cantan?

Y las garzas blancas cantaron:

Tin ganga o,
tin ganga o,
yo mama ganga reré,
yayangrosio,
serecusere mi yayangrosio.

No pudieron terminar de cantar, porque sus hijas las reconocieron y volaron hacia ellas para darles muchos besos de picos y abrazos de alas.

Cuenta la tortuga, que después de un baño frío, salió de nuevo a la superficie, que cuando remontaban el cielo azul, por mucho rato sólo se escuchó en todo el monte:

Tin ganga o,
tin ganga o,
yo mama ganga reré,
yayangrosio,
serecusere mi yayangrosio.

The Herons

Story collected by Martha Esquenazi, version by Elvia Pérez.

This is the story of two white herons that one day met, fell in love, laid their eggs, and then flew off. The eggs hatched by themselves, and after some time the shells cracked.

As soon as the little herons peeped out of their shells, they began to wonder who their mother and father were, because in truth, everyone in the world has a mother and father.

They were trying to find an explanation when the littlest one said, "If we have parents we can find them by singing our song:

Tin ganga o,
tin ganga o
yo mama ganga reré
yayangrosio
*serecusere mi yayangrosio.**

This sounded like a really good idea. They took off flying in search of their parents, who are the most beautiful thing that one has.

After a while, they saw on the horizon a big, white bird that seemed a lot like the idea they had of their mother. So they asked, "Señora, are you by any chance our mother?"

That bird was a dove, but she was so moved by those little herons all alone in the world that, without giving it much thought, she answered, "Yes, I am your mother."

Those little herons were so happy! Finally they had found their mother.

They were about to go off with her, when the littlest one asked, "Señora, do you sing?"

"Of course I do," replied the dove. And she sang:

Si ambere, si ambere,
bembere sió sió,
si ambere si ambere,
tu matitisao,
marenbe regua o ya o sió.

"Oh, what a pity, señora. That's not our song," said the little heron. "Our song is:

Tin ganga o,
tin ganga o,
yo mama ganga reré,
yayangrosio,
serecusere mi yayangrosio."

After this, they kept on flying. They were flying for quite a while, searching for their parents in the blue sky. After a while, they saw in front of them a black bird. It didn't match their idea of their father at all. But when one searches for one's father, one overlooks small details like color. Without thinking, they shouted, "Señor, are you by any chance our father?"

This bird coming was the *totí*. It was not for nothing that this bird had a very bad reputation among other birds. He had always been jumping from party to party and from one girlfriend to the other. The *totí* was taken by surprise by those little herons that pretended to be his babies. He said to himself that he already had

*Note: Many African songs, sometimes called "congas," are integral parts of Afro-Cuban stories. Their meanings are, for the most part, lost in time, but the joy of performing them continues.

such a bad reputation, he didn't want to make it even worse. He didn't remember having babies, but if they said so, it was probably true! So he answered, "Yes, of course, I am your father."

Those little herons were so happy! Finally they had a father. They had decided to go off with him, but the littlest one, who wasn't too sure, asked, "Señor, do you sing?"

Everybody knows that the *totí* doesn't sing or eat fruit, but since he already was in a tricky situation he didn't have a choice and had to answer, "Of course I sing! See? I sing":

Rin cun cun tincu,
rin cun tin cun tin.

After trying to sing a couple more times, he decided to keep silent. That's when the little herons said, "What a pity, sir! You are not our father because our father would sing like this:

Tin ganga o,
tin ganga o,
yo mama ganga reré,
yayangrosio,
serecusere mi yayangrosio."

After this, they kept going on their way. As they realized that they were not going to find their parents in the sky, they decided to look down on earth. They flew lower and started to look everywhere.

After a while they saw a woman who was doing her laundry in the heat of the noon sun. Her looks didn't resemble the idea they had of their mother, but we know what happens when one looks for a mother—you overlook little details. They started to approach the woman carefully, because they could tell that the woman was in a very bad mood. Once they were within hearing distance, they asked, "Señora, could it be that you are our mother?"

The woman was very upset, not only because she had a huge pile of laundry to take care of, but also because the sun was terribly hot. She thought that the little herons were making fun of her with their question. Without looking at them she snapped, "Yeah, *sure.* I'm your mother."

The little birds noticed that the woman had very bad manners, but when it comes to one's own mother, everything is forgiven. They were trying to get a little closer to help her out with the laundry when the littlest one asked, "Señora, do you sing?"

The woman thought, "How dare they ask me to sing, with all the work I have to do?" Gritting her teeth, she snarled, "Sure. I sing."

Sopua sopua!
Just see me wash!

The little herons started to move away from that furious woman, and when they were far enough away to be safe they said, "What a pity, señora! You are not our mother either, because our mother would sing:

Tin ganga o,
tin ganga o,
yo mama ganga reré,
yayangrosio,
serecusere mi yayangrosio."

The little herons kept going their way, but even though they had looked around the sky and around the earth, they hadn't found their father or their mother. They were very tired and decided to go down to a pond to drink. There they were when they saw a strange creature stumbling along. It didn't look like their idea of their mother. But when one is searching for a mother, one doesn't get stopped by little things. They opened their beaks and said, "Señora, is it possible that you may be our mother?"

The creature coming along was a turtle! She had been all night at a party drinking cane liquor and was so drunk that she didn't care if she was someone's mother or not. When amid the fogginess of her hangover she got a glimpse of the little herons, she thought that they were very funny. She replied, "Of course! That's exactly who I am!"

How happy those little herons were! Of course, their mother was in such bad shape that she needed to be bathed and taken to bed, but what is there that one won't do for one's parent? They were about to start fulfilling what they considered their duty, when the littlest one, who wasn't so sure about the turtle, asked, "Señora, do you sing?"

This turtle was full of fun. There wasn't a birthday party or *guateque* that she didn't attend. So she replied, "I sing, I dance, and I play the kettledrum! See? I just finish composing a *son* that goes like this:

Poor Don Pedro
musenlá musenlá,
poor Don Pedro
musenlá musenlá,
I am going home,
musenlá musenlá."

As she said this, she fell into the pond and left the little herons as they were before, without a father or a mother. They decided to return to their nest and wait for their parents there. They drank some water and were about to leave, when they saw two large white birds coming. They very much looked like the idea they had of their father and mother. So they took courage and asked, "Señora, Señor, could it be that you are our parents?"

And of course these were the same white herons who one day fell in love, laid their eggs, and flew away, and who were now returning to their nest. They were very proud of their beautiful babies. They answered, "Yes, we are your parents!"

They were so happy! Finally they had a father and a mother, which is the most wonderful thing one has in life. They were about to go off with these parents, when the littlest one, who was still suspicious, asked, "But, do you sing?"

And the big herons sang:

Tin ganga o,
tin ganga o,
yo mama ganga reré . . .

They couldn't finish their song, because the little herons flew toward them and began to kiss them with their beaks and hug them with their wings. The turtle, who after a cold bath swam back to the surface, tells us that when they flew off into the blue, blue sky, for a long, long time one could hear the song echoing from the mountains:

Tin ganga o,
tin ganga o,
yo mama ganga reré,
yayangrosio,
serecusere mi yayangrosio.

Note: For music, see pages 110–111.

El baile sin cabeza

Texto de la tradición oral recogido por Samuel Feijóo y en versión de Elvia Pérez.

Desde que el mundo es mundo, hay diablo, pero muchas personas ignoran que esto esté relacionado con el baile. Pués bien, resulta que cuando el mundo era nuevecito, el diablo estaba casado con la diabla. Tenía un hijo diablito y vivía con ellos en su casa del campo.

Claro que esto no le hacía ninguna gracia a los animales que allí vivían, porque éso de tener como vecino al diablo no le agrada a nadie. Lo peor de todo no eran sus diabluras, sino las constantes peleas entre él y su mujer. Por cuanta cosa pequeña o grande que sucedía en la casa . . . peleaban. De la mañana a la noche . . . peleaban. En el verano y en el invierno . . . peleaban. Éste era el verdadero problema, porque con cada pelea incendiaban el lugar y ya casi no quedaba río con agua para apagar tanto fuego.

Fue por este motivo que un día, se reunieron los animales en sesión secreta para resolver el asunto. Claro que no era fácil, porque directamente nadie se atrevía a decirle nada al señor y mucho menos a la señora. Increíblemente fueron los guanajos, los pavos, quiénes sugirieron la solución. Los guanajos eran los vecinos más cercanos del diablo y su familia. Eran los que más sufrían con las peleas pero eran también los que más se divertían el día que los diablos estaban de buenas y se disponían a divertirse. La diabla era muy buena cocinera y hacía unos tamales deliciosos. El diablo, que era un gran bailarín, ponía al diablito a tocar las *claves* o un pequeño tambor y él bailaba de lo lindo. Daba saltos tan altos que se podían ver desde la casa de los guanajos. Fue justo esto lo que les dio la idea para acabar con el diablo y su familia.

La propuesta de los guanajos fue concreta: hacer el baile sin cabeza para cortarle la cabeza al diablo, a la diabla y al diablito.

Los animales preguntaron cómo se lograría esto y los guanajos les mostraron como ellos podían meter sus cabezas debajo de las alas sin perderlas. Con esto simularían un baile sin cabezas. Sabían cuánto disfrutaban del baile los diablos. Estaban seguros que se dejarían cortar las cabezas para poder entrar al baile también.

La idea fue aprobada y convocado el baile Los monos tocaron los tambores y los pájaros cantaron. El cuerpo de baile estaba formado por doce parejas de guanajos que bailaban cadenciosamente cada uno con la cabeza metida bajo el ala de tal manera que parecía que bailaban sin cabeza.

En la casa de los diablos ese día la cosa estaba echando chispas. Los diablos se habían peleado porque decía la diabla que ella tenía los dientes más afilados y el diablo que no, que él tenía los dientes más largos y filosos. Fue tanto el alboroto que el diablito fue a dar un paseo para evitar estar en medio del fuego de sus padres. El diablo sin poder convencer a su mujer dio un portazo que dejó en llamas la casa y se fue por los caminos hablando solo.

No había caminado mucho cuando escuchó el golpeteo de los tambores, el canto de los pájaros y los pies marcando un ritmo que lo atraían al baile. En la puerta estaba una comisión de bienvenida integrada por el guanajo más viejo, un sapo y un toro. Cuando el diablo llegó pidió entrar de inmediato.

- No, - dijo el viejo guanajo - este es el baile sin cabeza. Sólo pueden entrar los que no tienen cabeza.

El diablo espió y vio que, efectivamente, ningún bailarín tenía cabeza.

- Lo lamento, - dijo el guanajo - debe dejar su cabeza en la puerta si desea entrar.

Al diablo no le pareció una buena idea, pero en ese momento, la orquesta tocó más fuerte y los pájaros dejaron escuchar el son:

No baila, no baila, el que tiene cabeza no baila.

Los que estaban adentro bailaban tan bien y con tanto gusto que el diablo decidió probar. Puso su cabeza en el picador y el toro la cortó de un solo tajo mientras el sapo apuntaba en un cuaderno: cayó la primera cabeza. Después los buitres se llevaron el cuerpo y la cabeza lejos del lugar y el baile continuó.

Allá en el monte, la diabla tuvo que apagar las llamas de la casa. Al terminar, se dio un baño de vinagre para estar bien ácida para cuando su marido regresara.

Esperó un buen rato pero éste no regresaba. Pasaba el tiempo y la diabla se iba molestando cada vez más pensando a dónde habría ido su esposo que no llegaba a casa. En vista de que el tiempo pasaba y el diablo no mostraba sus colmillos, la diabla se vistió y salió a buscarlo. Anduvo de un lado a otro pero al doblar un recodo del camino escuchó:

No baila, no baila, el que tiene cabeza no baila.

Lo entendió todo de inmediato. Seguro que su marido estaba en el baile. Bien sabía ella cuánto le gustaba bailar. Con paso seguro se encaminó al lugar desde donde venía la música. Al llegar, el conjunto tocaba y los guanajos bailaban al compás de la música. Preguntó si su marido estaba dentro.

- No sabríamos decirle . . . - dijeron los porteros - ¿Porqué no pasa y lo busca usted misma?

La diabla quiso entrar pero el guanajo le recordó que a ese baile había que entrar sin cabeza. Ella estaba tan molesta con su marido que sin pensarlo dos veces puso la cabeza en el picador y el toro la corto mientras el sapo anotaba en su cuaderno: cayó la segunda cabeza. Después los cuervos se encargaron de desaparecer el cuerpo y la cabeza de la diabla.

El pequeño hijo del diablo ya había esperado bastante fuera de su casa para que se calmaran sus padres y regresó a dormir, pero la casa estaba vacía y no había rastro de sus padres. Se preocupó por ello porque aunque sus padres quemaran la casa todos los días, siempre volvían a dormir allí, así es que salió a buscarlos.

El diablito, que tenía muy buen oído, escuchó de inmediato los sones que se escuchaban ya por todo el monte y sabiendo como le gustaba bailar a sus padres se fue derechito al lugar. Llegó y observó con asombro que los que estaban adentro parecían no tener cabeza pero bailaban muy bien. Preguntó al portero si había visto entrar a sus padres.

- No sabría decirle . . . - dijo el viejo guanajo - ¿Porqué no entras a buscarlos?

El diablito iba a entrar pero el portero lo detuvo:

- ¿No has escuchado lo que dice la canción?

No baila, no baila, el que tiene cabeza no baila.

- Pero yo no voy a bailar - respondió el diablito - sólo voy a buscar a mis padres.

- No importa - contestó el portero - este es el baile sin cabeza y no se entra con ella puesta.

El diablito miró de nuevo. Quería encontrar a sus padres, pero cortarse la cabeza era algo que no estaba en sus planes. Adentro el conjunto tocó más fuerte y los pájaros cantaron más alto:

No baila, no baila, el que tiene cabeza no baila.

El portero lo animó a entrar, pero el diablito emprendiendo el camino de regreso a casa le dijo:

No se si están ahí todavía,
Pero esta cabecita mía
No me la quitan ni a jodía.

Y es por eso que todavía y desde entonces hay diablo en el mundo.

The Headless Dance

A story from the Cuban oral tradition collected by Samuel Feijóo, retold by Elvia Pérez.

Because the world is the world, there is a devil. But not many people know what the devil has to do with dancing. Well, then, it happened that when the world was new, the devil was married to La Diabla. They had a little devil son, El Diablito, and they all lived together at their house in the country. Of course, this was not fun for the animals that lived there, because nobody wants to have the devil for a neighbor. But the worst problem was not his devilments, but the constant fighting between him and his wife.

For anything big or small that happened in that house . . . they fought. From morning to night . . . they fought. In summer and winter . . . they fought. This was a real problem because with every fight, they would set the place on fire! And there were hardly any rivers left with water enough to put out such flames

This is why, one day, the animals held a secret meeting to try and solve this problem. It was not an easy task. Nobody dared speak up to the devil, and certainly not to his wife!

Believe it or not, it was the *guanajos,* the turkeys, who suggested a solution. The *guanajos* were the devil's closest neighbors. They were the ones who suffered most from the fights, but they were also the ones who had the most fun when the devils were having a good day! *La Diabla* was a great cook and made delicious tamales. The devil, who was a great dancer, set the little devil to playing the *claves,* a little drum. And he would dance so beautifully! The devil would dance and jump so high that he could be seen from the *guanajo*'s house. This is just what gave them their idea of how to get rid of the devil and his family.

The *guanajo*'s proposal was very blunt. The animals would do the *baile sin cabeza,* the headless dance, as a pretext for cutting off the heads of the devil, La Diabla, and El Diablito.

The animals asked how this could be done. So the *guanajo*'s showed them how they could stick their heads under their wing without actually loosing it. In this way, they would simulate a headless dance. They knew how much the devils enjoyed dancing. They were sure the devils would agree to be beheaded so that they could be in the dance, too.

The idea was approved and the dance arranged. The monkeys played the drums, and the birds sang the melody. The dance troupe consisted of twelve pair of *guanajos* who danced rhythmically with their heads under their wings, so that they appeared to be headless.

At the devil's house that day, sparks were flying. The devils were fighting because La Diabla said that she had the sharpest teeth. The devil said no, he had the largest and sharpest teeth. They were making such a racket that the little devil decided to go for a walk to avoid being in the middle of his parents' flames. The devil, unable to convince his wife, left the house with a slam of the door that set the house on fire, and went down the road muttering to himself.

The devil hadn't gone far when he heard the beating of the drums, the singing of the birds, and feet stomping out a rhythm that drew him to the dance.

At the door was a welcoming committee formed by the oldest *guanajo,* a toad, and a bull. When the devil arrived, he asked to be let in immediately. "No," said the old *guanajo.* "This is the *baile sin cabeza.* Only those with no head can enter." The devil peered in and saw that, sure enough, none of the dancers had a head! "Sorry," said the old *guanajo.* "You must leave your head at the door, if you wish to enter."

The devil didn't think this was a good idea, but at that very moment, the orchestra began to play louder and the birds sang:

No baila! No baila! El que tiene cabeza no baila.
Cannot dance! Cannot dance! He who has a head cannot dance!

Those dancing inside were dancing so well and with such delight that the devil decided to give it a try. He laid his head on the guillotine, and the bull cut it off in a single stroke, while the toad noted in his notebook: "First head falls." Then the vultures carried away the body and the head far from the place, and the dancing continued.

Meanwhile up on the mountain at the devil's house, La Diabla had to put out the flames in her house. Then she took a bath in vinegar so that she could be very sour when her husband returned.

She waited for a long time, but he didn't return. Time passed and La Diabla became more and more annoyed, wondering where her husband had gone that he did not come home. Since the devil wasn't showing his fangs around the house, she got dressed and went after him.

She wandered from one place to another, then, turning a bend in the road, she heard:

No baila! No baila! El que tiene cabeza no baila.
Cannot dance! Cannot dance! He who has a head cannot dance!

She understood everything at once. It was certain that her husband was in that dance; she knew well how much he enjoyed dancing. With a sure step, she walked toward the place from which the music came. When she arrived, the band was playing, and the *guanajos* were dancing to the music. She asked if her husband was there. "It's hard to tell," said the doorkeepers. "Why don't you go in and look for yourself?"

She wanted to walk right in, but the old *guanajo* reminded her that this was a *baile sin cabeza*. No one could enter who had a head. She was so annoyed with her husband that, without thinking twice, she put her head on the guillotine and the bull chopped it off, while the toad wrote in his notebook: "Second head falls." Then the crows took charge of making La Diabla's body and head disappear.

The little son of the devil had waited for a long time away from home so that his parents could calm down. Now he had returned to sleep. But the house was empty, and there was no trace of his parents. He worried about this, because even though they burned the house down every day, they always came back to sleep there. So he went out looking for them.

The little devil, who had very good hearing, at once heard the sounds, which by now could be heard all over the mountain. Knowing how much his parents enjoyed dancing, he went straight to the dance.

He arrived and noticed with puzzlement that the dancers inside had no heads, yet they danced really well. He asked the doorman if he had seen his parents go in. "I couldn't say," said the old *guanajo*. "Why don't you go in and look for them?"

The little devil was about to walk right in. But the doorkeeper stopped him.

"Haven't you heard what the song says?"

No baila! No baila! El que tiene cabeza no baila."
Cannot dance! Cannot dance! He who has a head cannot dance!

"Yes, but I'm not going to dance," said the little devil. "I'm just going to look for my parents."

"It doesn't matter. This is *el baile sin cabeza*. You cannot go in with your head on."

The little devil looked again. He wanted to find his parents, but cutting off his head was definitely not in his plans. Inside, the band played even more loudly and the birds sang strongly:

No baila! No baila! El que tiene cabeza no baila.
Cannot dance! Cannot dance! He who has a head cannot dance!

The doorkeeper urged him to go in. But the little devil, heading for the road home, said,

No se si estan ahí todavia,
Pero esta cabecita mia
No me quitan ni a jodía.

I don't know if they are still there,
But this head of mine
Nobody takes off!

And so today and forever more, there is still a devil in the world.

Note: For music, see page 112.

Ambeco y Aguatí

Esta historia de antecedente caravali fue recogida por el investigador cubano Don Fernando Ortiz. Es un cuento donde se pone en evidencia la sabiduría de la tortuga y tiene similitud con otros relatos de Europa.

Esta es una historia de cuando en Cuba el venado se llamaba Ambeco y a la tortuga Aguatí.

Ambeco Rimbangué, que quiere decir, "el de las patas más largas", era muy vanidoso y andaba por todas partes presumiendo. Decía constantemente que él era el mejor corredor y que nadie podría jamás ganarle.

Aguatí, la tortuga, era sabia y humilde, vivía recogida en su casa sin meterse en los asuntos de los demás, pero no veía con buenos ojos tanta pretensión.

Un día Ambeco Rimbangué fue por toda la comarca retando a todos los animales a una carrera. Había que atravesar los dos pueblos vecinos y regresar corriendo al punto de partida y el que primero lo hiciera sería el ganador. Por supuesto, que Ambeco ya se imaginaba con el premio en las manos, porque ¿quién, sino él, tenía las patas más largas?

Estuvo corriendo de un lado a otro cantando su canción:

Ambeco Rimbangué quindandá coren ya,

que quiere decir: "El venado de las patas más largas ha llegado". Diciendo ésto, convocaba a cada animalito del bosque a correr en esta carrera, pero ninguno aceptaba el desafío.

Aguatí escuchó el canto de Ambeco desde su casa y se dijo que ya era hora de poner fin a tanta vanidad. Fue hasta donde estaba el venado y aceptó el reto.

El venado, riéndose muy fuerte, dijo:

- ¡No seas tonta, apostar contigo sería una estafa. Aun si te diera quince días de ventaja no podrías ganarme jamás!

Aguatí, con mucha dignidad respondió:

- No necesito ventaja, pero tomaré esos quince días para prepararme.

Se precisaron los detalles y se fijó una fecha para la competencia. Mientras tanto, Ambeco se fue a su casa a seguir presumiendo de sus largas patas mientras Aguatí tomó ese tiempo para visitar a dos primas que vivían en los dos pueblitos vecinos. Acordaron que cuando el venado pasara por sus pueblos, se harían pasar por Aguatí. Luego la tortuga regresó a su casa con el tiempo justo para colocarse en el punto de partida.

En ese mismo momento, Ambeco entró por la calle principal del pueblo haciendo resonar sus cascos y cantando su canción:

Ambeco Rimbangué quindandá coren ya
El venado de las patas más largas, ha llegado

Pero para su sorpresa, desde la meta una vocecita le respondió:

Aguatí langué, langué, langué

Que quiere decir:

La tortuga está aquí, aquí, aquí.

Había mucha tensión entre los animales y a la señal de: “A sus marcas, listos, ¡Fuera!” El venado salió corriendo a todo dar, levantando una gran polvareda.

La tortuga de nuestra historia solo dio algunos pasitos y se metió debajo de la sombra de una matica de naranja a tomar el té.

El venado corría y corría, pero cuando miró hacía atrás y vio que nadie lo seguía, se tranquilizó. Pensó que ninguno podría ganarle al venado de las patas más largas. Recobrando su paso de marcha entró por la calle central del primer pueblo cantando su canción:

Ambeco Rimbangué, quindandá coren ya.

Como pensó que tenía mucho tiempo a su favor se fue hasta la barbería para rasurarse. Se acomodó en el sillón, pero cuando el barbero apenas había alcanzado a cortarle la mitad de la barba, escuchó desde la calle una vocecita que decía:

Aguatí langué, langué, langué.
La tortuga está aquí, aquí, aquí.

El venado no podía creer lo que sucedía. Sentada en el borde de la acera estaba la tortuga, tan fresca como una lechuga. Se levantó de un salto con media barba sin rasurar y emprendió la carrera nuevamente a toda velocidad, levantando una gran polvareda. Después de un rato, cuando miró hacia atrás y vio que nadie lo seguía, se tranquilizó. Después de todo, solo había perdido la primera parte del trayecto, pero no la carrera entera. No había forma de que la tortuga llegara a la meta antes que él. Se recuperó y con calma entró por la calle principal del segundo pueblo, haciendo sonar sus cascos y cantando su canción:

Ambeco Rimbangué quindandá coren ya.

Tenía mucha hambre y decidió comer algo antes de seguir. Fue hasta la fonda más cercana y le dijo al mesero:

- ¡Eh! ¡Coloca mucha vianda para este campeón!

El mesero le sirvió, pero en cuanto el venado alcanzó a probar el primer bocado, escuchó desde la calle una vocecita chillona que reconoció de inmediato y que cantaba:

Aguatí langué, langué, langué.
La tortuga está aquí, aquí aquí.

El venado no pudo continuar con su comida porque le hubiera caído mal. Dio un salto y emprendió nuevamente la carrera ahora algo más preocupado. No se podía explicar cómo la tortuga lo había vencido nuevamente en el segundo tramo de la carrera. Ya faltaba poco para llegar a la meta. Corrió sin razonar un buen rato, pero luego miró hacia atrás, vio que nadie lo seguía y se sintió mejor.

No entendía qué estaba pasando pero lo que si sabía muy bien era que sus patas eran mucho más largas que las de la tortuga. No cabía ninguna posibilidad de que le ganara. Se calmó, tomó aire porque estaba en verdad muy fatigado, además de barbudo y hambriento. Ya estaba de nuevo entrando por la calle principal de su pueblo rumbo a la meta y no había señales de la tortuga así que se animo y comenzó a cantar:

Ambeco Rimbangué quindandá coren ya.

Estaba feliz porque finalmente estaba a punto de ganar la competencia. Resonó sus cascos y cantó más fuerte. Fue tanto ruido que despertó a la tortuga de nuestro cuento que se encontraba dormida debajo de la mata de naranja. La pequeña Aguatí se desperezó y con solo dos pequeños pasos se sentó en la meta y le cantó al venado:

Aguatí langué, langué, langué
La tortuga está aquí, aquí aquí.

El venado se sorprendió tanto que ni siquiera llegó a la meta. Se fue al monte avergonzado de no haber ganado la competencia y nunca más volvió a salir de él. Hasta nuestros días sigue allí, sin comprender que fue lo que pasó, pero sin presumir más de sus largas patas. En cambio la tortuga, que le dio una lección al presumido, anda por toda la tierra caminado libremente y cantando su canción:

Aguatí, langué, langué, langué.
La tortuga está aquí, aquí aquí.

Ambeco and Aguatí

This story, told by the Caravali, was collected by the Cuban researcher Fernando Ortiz. It provides evidence of the turtle's wisdom and is similar to tales from Europe.

This is a story from the time when in Cuba the deer was called Ambeco and the turtle, Aguatí. Ambeco Rimbangué, which means "the one with the longest legs," was very vain and a big showoff. He was always claiming to be the fastest runner, saying that nobody could beat him. Aguatí, the turtle, was wise and humble. She lived at her home quietly, without getting into other's affairs, but she didn't cast a favorable eye on all this boasting.

One day, Ambeco Rimbangué went around the whole region, challenging all the animals to race against him. One had to run through two neighboring towns and return to the starting point. The one who reached the starting point first would be the winner. Of course, Ambeco already imagined himself holding the prize, because who but he had the longest legs?

He ran around from one place to the other singing his song:

Ambeco Rimbangué quindandá coren ya!
Ambeco Rimbangué quindandá coren ya!

which means, "Look who is here, the longest legged deer." Saying this, he encouraged each animal to race against him, but none accepted the challenge.

Aguatí heard his song and thought that it was about time to put an end to all of this showing off. She presented herself before the deer and accepted the challenge. The deer laughing loudly said, "Don't be a fool. This bet with you would be like a swindle. Even if I give you fifteen days' head start, you could never beat me!"

Aguatí, with great dignity, replied, "I don't need any advantage, but I will use those fifteen days to prepare myself."

All the details were agreed upon, and a date was set for the race. Meanwhile, Ambeco went home to continue boasting about his long legs, while Aguatí took that time to visit her two cousins who lived in the two neighboring villages. They agreed that when deer would go across each of their towns, they would act as if they were Aguatí themselves, taking her place and singing and greeting him as she would.

After that, she went back home with just enough time to get ready at the starting line.

At the same time, Ambeco came in through the main road of the town making a lot of noise with his hooves and singing his song:

Ambeco Rimbangué quindandá coren ya!
Look who is here! The longest legged deer!

To his surprise, from the starting line a tiny voice replied:

Aguatí langué, langué, langué.
Turtle is here, here, here.

There was a lot of tension among the animals. After the signal, "Ready? Set? GO!" deer ran out as fast as he could, raising a cloud of dust.

The turtle of our story took only a few little steps and went under the shadow of an orange tree to drink some tea.

Deer ran and ran, but when he looked back and saw that nobody followed him, he calmed down. He thought that nobody could beat *him,* the longest legged deer. Recovering his pace, he went into the first town through the main road, singing his song:

Ambeco Rimbangué, quindandá corren ya!
Look who is here! The longest legged deer!

Since he thought that he had plenty of time, he went to the barber shop to have his beard shaved. He made himself comfortable at the barber's chair, but the barber had barely finished shaving half of his beard when he heard a tiny voice coming from the street saying:

Aguatí langué, langué, langué.
Turtle is here, here, here.

Deer couldn't believe what was happening. Sitting by the sidewalk was turtle, as fresh as a leaf of lettuce. He jumped out of the barber's chair and, with only half of his beard shaved, started running again at full speed, in a cloud of dust. After a while, he looked back, and since he saw that nobody followed him, he calmed down. After all, he had only lost the first part of the course but not the whole race. There was no way in which the turtle could get to the finish line before him. He recuperated and calmly went into the next town through the main road, making noise with his hooves and singing his song:

Ambeco Rimbangué quindandá coren ya!
Look who is here! The longest legged deer!

He was very hungry and decided to have something to eat before continuing on. He went to the closest restaurant and told the waiter, "Hey! Put down a lot of food for this champion!"

The waiter brought a smoking platter, but the deer was just trying the first bite when he heard from the street a tiny, screechy voice that he immediately recognized:

Aguatí langué, langué, langué.
Turtle is here, here, here.

Deer couldn't finish his meal; it would not have sat well in his stomach. He jumped up and started running again on his race, but now more worried. He couldn't explain how turtle had been able to beat him on the second part of the race. He lacked only a little to reach the finish line. He ran like a madman for a while, but when he looked behind and saw that nobody followed him, he felt much better.

He still couldn't understand what was going on. What he knew very well was that his legs were much longer than the turtle's. There was no possibility the turtle could win. He calmed down and took in some air because he was very tired, as well as unshaven and hungry. He was again entering his own town, going through the main road toward the finishing line, and there was no trace of turtle, so he cheered up and started to sing his song:

Ambeco Rimbangué quindandá coren ya!
Look who is here! The longest legged deer!

He was happy because finally he was about to win the race. He started to make a lot of noise with his hooves and sang louder.

Ambeco Rimbangué quindandá coren ya!
Look who is here! The longest legged deer!

With all that racket, Aguatí woke up. The turtle of our story could be found taking a nap under the orange tree. The little Aguatí stretched herself, and with just two little steps she sat down on the finish line and sang to deer:

Aguatí langué, langué, langué.
Turtle is here, here, here.

Deer was so surprised that he didn't even make it to the finish line. He ran away to the forest and never came out. He felt so ashamed for losing the race. Even to this day, he remains there, never understanding what happened, and boasting no more about his long legs. On the other hand, Turtle, who gave the lesson to the braggart, walks around everywhere strolling freely and singing her song:

Aguatí langué, langué, langué.
Turtle is here, here, here.

Note: For music, see page 112.

El gallito Kikiriki

Cuento de la tradición oral Cubana en versión oral de Elvia Pérez.

Hace mucho tiempo, en lo más intrincado del campo, vivía un hombre que amaba los animales. No tenía hijos y vivía solo con su mujer. Cada mañana temprano, antes de tomar su propio desayuno iba al corral a darle de comer con su propia mano a sus animales. Toda su vida la había dedicado a sembrar su tierra y cuidar de su corral. Los animalitos también lo amaban y agradecían a la vida por tener tan buen amo.

Un día, el hombre no se pudo levantar de la cama. Tenía una extraña fiebre y le dolía todo el cuerpo. Su mujer le hizo unos remedios, pero el hombre en lugar de mejorar empeoraba. Ese día la mujer tuvo que ir a dar de comer a los animales y ellos se extrañaron de no ver a su amo. Un gallito kikiriki que andaba suelto por el patio se acercó a la casa a ver qué sucedía. Con preocupación vio que su amo se encontraba muy mal y fue hasta el corral a decirle a sus compañeros lo que pasaba. Todos lo sintieron mucho pero no sabían que hacer para ayudar.

La mujer fue personalmente hasta el pueblo a buscar al médico y tuvo que dejar al hombre solo. Quizás porque el gallito estaba cerca dijo:

- Te encomiendo que cuides de tu amo hasta que yo regrese - y después se fue.

El gallito se lo tomó en serio y se la pasaba dando vueltas del corral a la casa a ver al enfermo. Esa tarde los animales vieron desde el corral como la muerte, vestida de negro y con su guadaña venía hacia la casa. Cada uno de los animales comenzó a hacer ruido para ahuyentarla, pero fue en vano. La muerte parecía no escucharlos. El pequeño gallito kakareó fuerte y le dijo a sus amigos del corral:

- Oigan, tenemos que hacer algo por nuestro amo, no podemos permitir que la muerte se lo lleve.

Los animales querían a su amo pero estaban asustados. El caballo preguntó:

- ¿Qué podemos hacer nosotros contra la muerte?

A lo que el gallito muy brioso contestó:

- Pelear, si es necesario.

Pero los animales no se animaron. Pelear con la muerte es algo muy serio.

Ya la muerte llegaba a la puerta de la casa cuando el gallito sin esperar por sus amigos se puso enfrente de ella impidiéndole el paso. La parca quiso entrar a la casa pero cada vez que lo intentaba el gallito se le enredaba en su negra falda y la hacía retroceder. Por más que luchó contra él, la muerte no consiguió nada y se retiró.

El gallito durmió enfrente de la habitación de su amo por si la muerte regresaba, pero esa noche transcurrió sin problemas. A la siguiente mañana, casi sin haber salido el sol ya estaba la señora de negro otra vez en la puerta. Nuevamente el gallito se enredó una y otra vez en su vestido hasta que la muerte enfurecida se marchó. Esa tarde la mujer regresó con el doctor y el hombre se salvó. Desde su lecho de enfermo había visto la pelea desigual que tuvo su fiel gallo contra la destructora de vidas y desde ese día lo hizo vivir con ellos en la casa. Después que el gallito murió, su amo en señal de agradecimiento y para preservarse de la muerte puso sus plumas detrás de la puerta de la casa. Esa es la razón por la cual, hasta el día de hoy muchas personas para proteger su hogar de la muerte, colocan plumas de gallo detrás de la puerta. Es por aquel valiente gallito kikiriki, que por sí solo salvó a su amo de la muerte.

The Rooster Kikiriki

Folktale from the Cuban oral tradition, retold by Elvia Pérez.

A long, long time ago, deep in the countryside, lived a man who loved animals. He didn't have any children and lived alone with his wife. Early every morning before breakfast, he would go to the farmyard to feed the animals with his own hand. He had dedicated his whole life to sowing his land and taking care of his farmyard. The animals loved him too, and were thankful for having been granted such a good owner. One day, the man could not rise from bed. He had a strange fever, and his whole body ached. His wife made some special medicine, but his health grew worse.

That day she had to go out and feed the animals, and they were surprised when they didn't see their master. Rooster Kikiriki was walking about the patio and came close to the window to see what had happened. He became very worried when he saw that his master was so ill and went to the farmyard to tell the other animals what was going on. They were all very sorry but didn't know what they could do to help.

The woman went in search for the town's doctor, and she had to leave the man alone. Maybe because the rooster was close by, she said, "I entrust you to take care of your master until I am back." Then she left.

The little rooster took this job very seriously, and he kept going back and forth from the farmyard to the house to see the man. That afternoon, the animals saw from the farmyard that Death was approaching the house, dressed all in black and holding the scythe. Each animal started to scream out loudly, trying to scare her away, but Death didn't seemed to hear anything at all.

The little rooster crowed loudly and told his friends at the farmyard, "Listen, we have to do something for our master. We can't allow Death to take him!"

The animals loved their master, but they were very scared. The horse asked, "What can *we* do against Death?"

And the little rooster replied, "Fight if it is necessary!"

But the animals didn't move. Fighting Death was a serious matter.

Death was about to reach the door when the little rooster, without waiting for the others, put himself in front of Death and would not let her go any farther. Death wanted to go in the house, but every time she tried, the little rooster would tangle himself up in her black skirt and force her back. As hard as she tried to fight against the little rooster, she wasn't able to get through and finally left.

Rooster Kikiriki slept in front of his master's bedroom, just in case Death wanted to come back, but that night everything was fine. The next morning before sunrise, the woman in the black dress was back again at the door, and little rooster again tangled himself in her dress until she went away in fury.

That afternoon the master's wife arrived with the doctor, and the man's life was saved. From his sickbed he had witnessed the uneven fight between his faithful rooster and the one that destroys all lives. From that day on, he brought the little rooster to live with them at the house. After Rooster Kikiriki died, his master put his feathers behind the front door. This was a sign of gratitude as well as a way of keeping Death away. That's the reason that, up to this day, people in Cuba put rooster feathers behind their doors to protect their home from Death. It's all thanks to that brave Rooster Kikiriki who by himself was able to defeat Death.

Mona (Monkey)

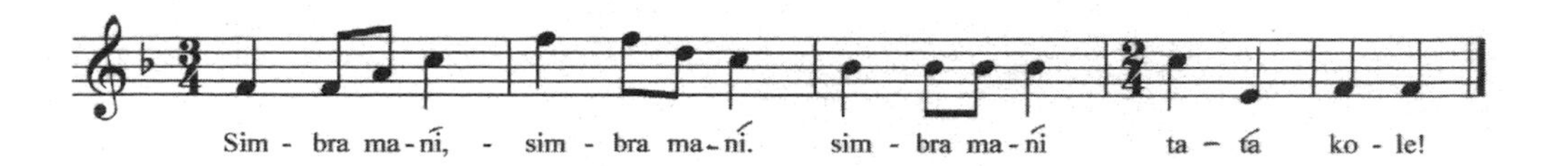

Sim - bra ma - ní, - sim - bra ma - ní. sim - bra ma - ní ta - tá ko - le!

The Herons: Las garzas

Traditional Cuban

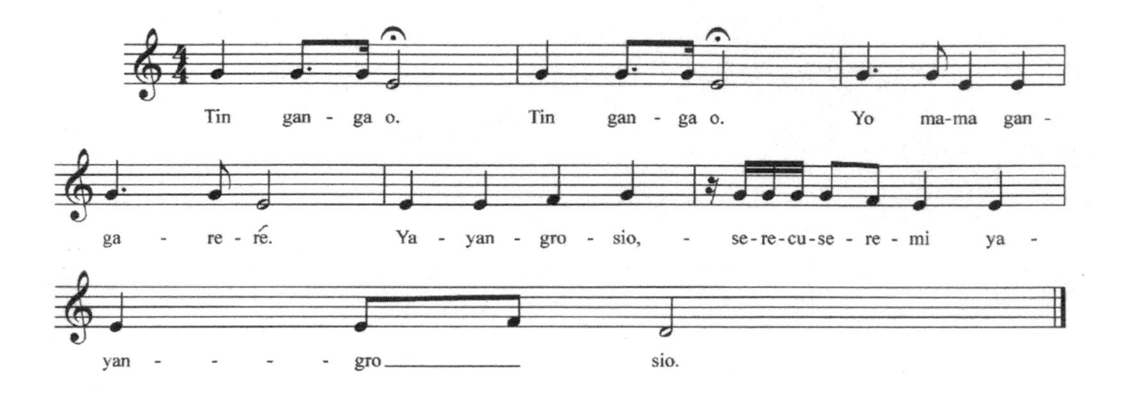
Tin gan - ga o. Tin gan - ga o. Yo ma-ma gan -
ga - re - ré. Ya - yan - gro - sio, - se-re-cu-se - re - mi ya -
yan - - - - gro sio.

The Herons: La Paloma

Traditional Cuban

Si am - be - re, si am - be - re, bem - be-re
si - - ó - - - si - - ó. Si am - be - re,
si am - be - re, tu ma - - ti - ti - sao
ma - rem - - - be re - gua o ya o
sió.

The Herons: Totí

Traditional Cuban

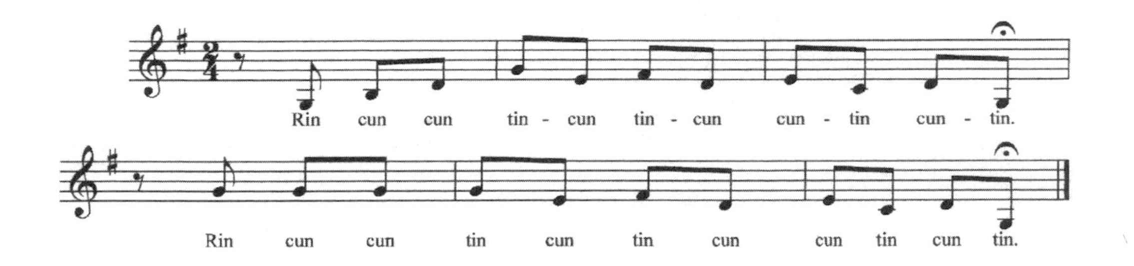

Rin cun cun tin - cun tin - cun cun - tin cun - tin.
Rin cun cun tin cun tin cun cun tin cun tin.

Herons: Wash Lady

Traditional Cuban

Chant

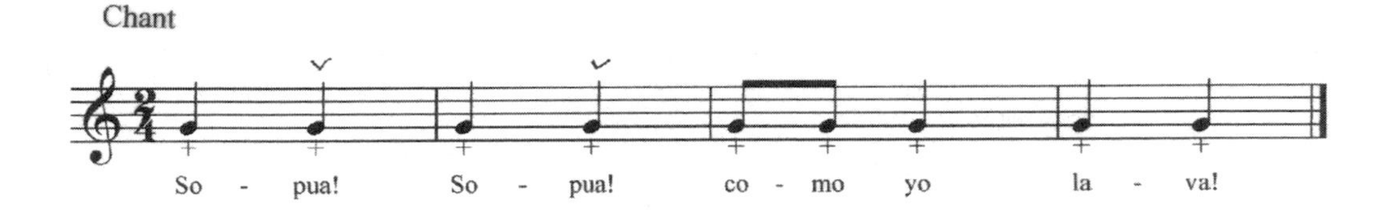

So - pua! So - pua! co - mo yo la - va!

The Herons: Turtle

Traditional Cuban

Ay po-bre - si-to Don Pe - dro, Mu - sen-lá mu - sen-lá. Ay pob-re - cit-to Don Pe -
ro mu-sen la mu - sen - lá. Me voy pa mi ca - sa. Mu - sen - lá. Mu - sen - lá.

Ambeco and Aguatí

Traditional Cuban Folk Song

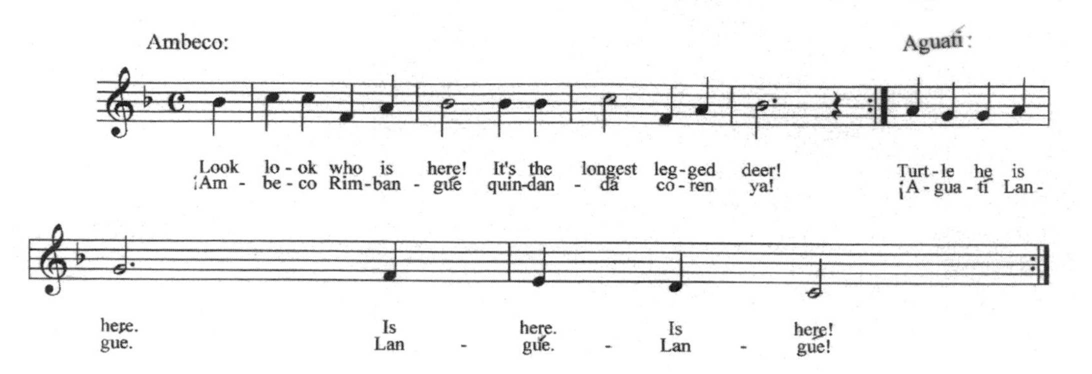

Ambeco:
Aguatí:
Look lo - ok who is here! It's the longest leg-ged deer!
¡Am - be - co Rim - ban - güe quin-dan - dá co - ren ya!
Turt - le he is
¡A - gua - tí Lan -
here. Is here. Is here!
gue. Lan - güe. - Lan - güe!

El baile sin cabeza

Traditional Cuban

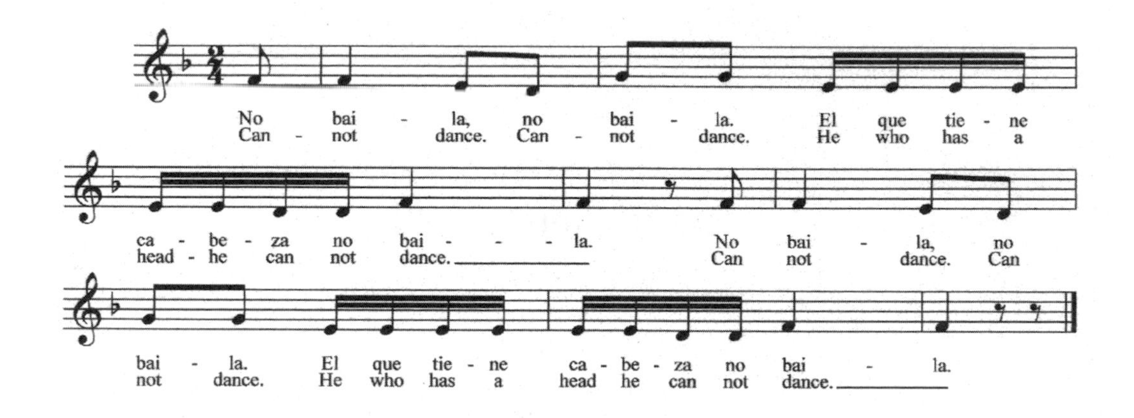

No bai - la, no bai - la. El que tie - ne
Can - not dance. Can - not dance. He who has a
ca - be - za no bai - - - la. No bai - la, no
head - he can not dance. Can not dance. Can
bai - la. El que tie - ne ca - be - za no bai - la.
not dance. He who has a head he can not dance.

Ma Catalina

Traditional Cuban

Cuentos de seres fantásticos
Fantastic Beings

In this chapter are stories of creatures that are uniquely Cuban: *el guije* and *La Madre de Aguas. El guije* is a small, implike creature that usually lives in water, often in a pond or in the pool of a river. Sometimes they are described as black skinned, with unusually large heads. In other stories they appear as small Indians. Or they can even appear as a fish, a parrot, or at times a siren. La Madre de Aguas—Mother of the Waters—appears sometimes as a giant sea monster, writhing and causing huge waves. Another creature of Cuban legend is the white witch. The immigrants from the Canary Islands tell several of these stories. The witch is usually beautiful and is a normal village woman who happens to have obtained supernatural powers.

La bruja enamorada

Cuento de la tradición oral cubana en versión de Elvia Pérez.

Hace mucho, pero mucho tiempo, las cosas estaban muy mal en las Islas Canarias. La tierra no era fértil y lo poco que daba no alcanzaba para alimentar a las familias.

En la casa de Joseíto como en tantas otras, ésta era la situación de cada día.

Con su joven esposa, Carmen Nieves, trabajaban sin descanso para poder sacar el esperado sustento, pero a cambio recibían pobres cosechas y ningún dinero. Carmen deseaba mucho que tuvieran un hijo, pero cada vez que hablaban del asunto coincidían en que todavía no había comida para tres.

El tiempo pasaba y la situación no mejoraba. Un día un primo de Joseíto vino a la casa a despedirse porque se marchaba a Cuba. Le habían contado que esa pequeña isla tenía tierras tan productivas que no había que sembrar, ya que cualquier cosa que se tirara sobre la tierra, florecía.

Esa noche Joseíto le comentó a Carmen Nieves que quizás si él se iba con su primo hasta aquel lejano lugar la suerte de ambos cambiaría. Podía probar un año y luego regresar con dinero para que tuvieran su hijo. A Carmen la idea no le acababa de gustar, pero no les quedaban muchas opciones. A la mañana siguiente Joseíto fue con su primo para unírsele en aquel inesperado viaje.

El día que el barco partió para Cuba con su esposo, Carmen se vistió de luto para despedirlo. Veía zarpar el buque y no podía contener el llanto. Luego comenzaron a pasar los días, lentos y solitarios. Al fin, una mañana llegó la primera carta. Joseíto le contaba que estaba bien, que tenía trabajo y que en verdad la tierra era buena. Luego llenaba la carta con frases amorosas para ella y repetía que la extrañaba, pero que en cuanto reuniera algo de dinero regresaría.

Carmen cambió su ropa negra por otra de colores, porque su marido estaba bien y la amaba tanto como ella a él. Trabajó sola para mantener su pedazo de tierra y su casa y esperó. Con el tiempo las cartas cada vez eran menos y no decían cuando regresaría Joseíto. Esto la preocupó pero todavía confiaba en el amor que los unía. Pero un tiempo después ya no llegaban cartas y ella lo supo: se había enamorado de otra mujer en aquella tierra extraña.

Igual que llegaban las historias de la fertilidad de esas tierras llegaban también la de la belleza y dulzura de sus mujeres, de piel tostada y sonrisa amplia. Lloró sin consuelo en la soledad de su casa, no quería contarle a nadie su dolor ni sus sospechas. Cuando se calmó ya una decisión se había apoderado de ella: recuperaría a Joseíto, sin importarle lo que tuviera que hacer. Lucharía por él y haría lo que fuera necesario.

Alejada de todos, sobre un risco vivía una vieja bruja, una mujer vieja y solitaria a la que todos temían. Carmen sólo la había visto de lejos, pero encaminó sus pasos a la choza en busca de respuestas. La vieja estaba sentada en la puerta de la choza mientras con las manos deshojaba unos yerbajos.

Cuando la joven se acercó la miró directamente a los ojos y le dijo: - Te estaba esperando.

Carmen sintió un frío recorrer su espina dorsal, pero estaba decidida y entró a la choza. La vieja mujer no la dejó hablar, lo sabía todo, sus poderes comprendían la adivinación. Confirmó las sospechas de Carmen, Joseíto estaba enamorado de una mujer morena y ya no pensaba en regresar a ella. La bruja estaba dispuesta a ayudar, pero a cambio de algo. Le pidió a Carmen que fuera su aprendiz ya que ella era la última bruja de su familia, no tenía descendencia y no quería morir sin transmitirle a alguien su conocimiento. La ayudaría a cambio de que Carmen aceptara ser su heredera. La joven nunca había pensado en convertirse en hechicera, es más, pensaba que todo lo relacionado con esto era pecaminoso, pero estaba desesperada y aceptó.

Fueron largas noches de aprendizaje junto al fuego. Después de terminar sus quehaceres y ocultándose de todos Carmen iba hasta el risco donde vivía la anciana y allí aprendía de ella todo, conjuros, ensalmos, pócimas, lo último sería aprender a volar. Eso era precisamente lo que más añoraba la joven. Quería volar para ir adonde estaba su marido y rescatarlo de esa otra que se lo robaba. Y llegó el esperado momento. Ya Carmen había aprendido todo y ella y su maestra iban a ir volando a donde estaba Joseíto, solo que debía seguir las instrucciones de la vieja señora al pie de la letra para no fracasar y así lo hizo. Como se trataba de su primer viaje, la vieja decidió ir con ella. La noche acordada se pararon ambas en la punta del risco, se quitaron la piel y dijeron el conjuro: ¡Sin dios y sin Santa Martha! Y se montaron en la escoba que tomó tal velocidad que en menos de lo que uno pestañea, llegó exactamente al lugar donde vivía Joseíto. Era una pequeña casa de madera y palma, y como era media noche, Joseíto dormía profundamente. La vieja le dio unos polvos y dejó que la joven entrara sola a la casa.

Cuando Carmen estuvo en la habitación de Joseíto tuvo que contenerse porque frente a ella estaba su marido durmiendo en brazos de una hermosa mujer morena. Respiró y sacó los polvos, los sopló y dijo las palabras aprendidas de su maestra. Después de un empujón sacó del lecho a su rival que se quedó en el suelo dormida como si nada. Se metió a la cama con Joseíto y en medio de la bruma del sueño pasó la noche con su marido.

Fue su maestra quién le avisó que debían regresar. Todo estaba hecho y había que esperar los resultados, pero antes de irse Carmen debía llevarse algo del lugar como prueba de su extraña visita. Vio una camisa de su marido tirada sobre una silla y le cortó una manga. Luego echó una última mirada y se fue volando con la vieja como había llegado.

El tiempo comenzó a pasar, pero ahora volvieron a llegar las cartas de amor de Joseíto. Le contaba que cada día pensaba más en ella, que estaba juntando el dinero y que en breve regresaría al hogar. Mientras Carmen dio a luz a un niño al que llamó Joseíto como su padre.

Un día, estaba Carmen haciendo la comida para ella y su hijo cuando sintió un alboroto enorme en la calle. Se asomó a la ventana y vio conmovida que era Joseíto que venía rodeado de todos los vecinos. Soltó su delantal y corrió a abrazarlo. Los presentes aplaudieron emocionados. Cuando los esposos se separaron Carmen llamó al niño y le dijo, "Hijo, este es tu padre."

El niño sonrió, pero Joseíto se molestó mucho. ¿Cómo era posible que tuviera un hijo con él si no había estado desde hacía tanto en casa? No, ese no podía ser su hijo. Entonces Carmen Nieves fue a dentro de la casa y buscó la desteñida manga de la camisa de su marido que guardaba como un tesoro y se la mostró. Le contó delante de todos como había viajado con la bruja hasta Cuba y lo que había sucedido y la prueba era aquel pedazo de su camisa. Se hizo un silencio y cada quién se marchó a su casa, dejando al matrimonio solo. Joseíto miro el pedazo de tela y recordó aquel extraño sueño que había tenido un día en Cuba. Entendió lo que había sucedido y acepto al niño como su hijo y nunca más se separó de su esposa y la amó más que nunca porque ahora sabía muy bien lo que era capaz de hacer por amor.

The Witch Who Was in Love

A folktale from the Cuban tradition, retold by Elvia Pérez.

A long, long time ago, things were very bad in the Canary Islands. The earth was not fertile, and the very little food that it gave was not enough to feed the islands' families. At Joseíto's house, as in many others, this was the everyday situation. With his young wife, Carmen Nieves, they worked without rest to gather enough to feed themselves. But instead they received a poor harvest and no money. Carmen wanted very much for them to have a child, but every time they talked about this, they agreed that there wasn't going to be enough food for three people. Time was passing by and things were not getting better.

One day, Joseíto's cousin came to visit them and to say good-bye because he was leaving for Cuba. He had been told that that small island had such productive land that you didn't even have to sow. Anything thrown casually on the earth would flourish.

That night Joseíto told Carmen Nieves that maybe, if he went with his cousin to that faraway land, their luck might change. He could give it a try for a year and then return home with money so that they could have their child. Carmen was not so sure about this idea, but she didn't have many options left.

The next morning, Joseíto joined his cousin on this unexpected journey. The day that the ship left for Cuba with her husband on it, Carmen went to say good-bye dressed in mourning clothes. Watching the ship sail away, she couldn't stop crying.

The days started to pass, slow and lonely. Finally one morning the first letter arrived. Joseíto wrote that he was doing well, that he had a job, and that the land was indeed very good. Then he filled his letter with loving words for her and said repeatedly how much he missed her. As soon as he could gather some money, he promised, he would be back. Carmen changed her black clothes for colored ones. Her husband was OK, and he loved her as much as she loved him. She worked by herself to support her land and home, and she waited.

As time went by, the letters became increasingly scarce. They didn't say when Joseíto was going to return. This worried her, but she still trusted the love that had united them. Some time later, the letters no longer arrived, and she was certain that she knew the reason: he had fallen in love with another woman in that strange land.

Just as stories about the richness of the land arrived, stories also arrived of the beauty and sweetness of that land's women, their tanned skin and wide smiles. She cried without consolation, alone at her house. She didn't want to share her pain or suspicions with anyone. When she was able to calm down, a decision had taken over. She would regain Joseíto, and she didn't care what she had to do to accomplish this. She would fight for him no matter what.

Far away, over a cliff and apart from everybody, lived an old witch. She was an old and lonely woman whom everybody feared. Carmen had only seen her from a distance, but she walked toward her hut in search of answers. The old woman was sitting at her door striping off the leaves of some herbs. As soon as Carmen got closer she looked directly into her eyes and said, "I was waiting for you."

Carmen felt something cold running through her spine. But she had already made up her mind, and so she went in. The old woman didn't let her talk. She knew it all because she had clairvoyant powers. She confirmed what Carmen feared: Joseíto had fallen in love with a dark-skinned woman, and he was no longer thinking of going back to his wife. The witch was ready to help, but she wanted something in exchange. She asked Carmen to be her apprentice, since she was the last witch in her family and didn't want to die without passing on her knowledge to someone. She was going to help Carmen if she agreed to be her successor. The young woman had never considered becoming a witch. As a matter of fact, she really thought that everything related to witchcraft was sinful, but being as desperate as she was, she accepted.

There were many long nights by the fire, learning. After finishing all her chores, hiding from everyone, Carmen went each day to the cliff where the witch lived. There she learned it all—spells, incantations, potions. The last thing would be to learn to fly. Flying, this was what she most wanted to learn. She wanted to learn how to fly so that she could go where her husband was and rescue him from that other woman who had stolen his love.

Finally the time came. She had learned it all. Together with her teacher, they would fly over to Joseíto. Carmen had to follow all the old woman's instructions carefully so that she wouldn't fail. And that's what she did. Since it was her first trip, the old woman had decided to travel with Carmen. That night, both of them stood at the edge of the cliff. They took off their skin and said the spell out loud, "Without God and without Santa Martha!" At that, they mounted their brooms and flew with such speed that in less than a blink they arrived exactly at the place where Joseíto lived. It was a small house made of wood and palms. It was about midnight, and Joseíto was sleeping soundly.

The old woman gave Carmen some powder and let her go in by herself.

When Carmen went into the bedroom, she had to hold herself back. In front of her was her husband, sleeping in the arms of a beautiful dark-skinned woman. Taking a deep breath, she took out the powder and blew, saying the magic words that she had learned from her teacher. Then she pushed her rival away from the bed, who remained asleep as if nothing had happened. Carmen slid into the bed with Joseíto and within the mist of sleepiness, spent the night with her husband.

It was her teacher who let her know that it was time to go back. Everything was done and they only had to wait for the results. But before departing, Carmen had to take something as proof of her strange visit. She saw one of her husband's shirts thrown over a chair, so she decided to cut off one of the sleeves. Then she looked around again and took off flying with the old woman.

Time passed, and Joseíto's love letters started to arrive again. He would tell her that every day he thought more and more of her. He was gathering money and was going to be back soon. Meanwhile Carmen gave birth to a baby. She named him Joseíto, after his father.

One day Carmen was cooking for herself and the child, when she heard an enormous uproar coming from the street. She looked out the window and couldn't believe her eyes, because there she saw Joseíto coming, surrounded by all the neighbors. She threw off her apron and ran out to hug him. Everyone present clapped, very moved. When the couple broke from their embrace, Carmen called her son. "Son, this is your father." The child smiled, but Joseíto was very upset. How could he be the father if he hadn't been home in such a long time? No, this couldn't be *his* child. So Carmen Nieves went inside the house and found the sleeve that she had kept as a treasure. She showed it to him.

She told him the whole story in front of everybody. How she had traveled to Cuba and what happened and as proof she had brought that sleeve. There was a deep silence, and all the neighbors hurried home to leave the couple alone. Joseíto looked at the piece of fabric and remembered that strange dream he had had one night in Cuba. He understood what had happened and accepted the child as his own. He never parted from his wife again, and he loved her more than ever, because he knew now what she was capable of doing for the sake of love.

El guije de la Laguna de Itabo

Leyenda de la tradición oral cubana en versión de Elvia Pérez. Los cubanos provenientes de Tenerife se conocen en estos cuentos como "isleños".

Dicen que esta historia sucedió hace muchos años en un sitio conocido como la Laguna de Itabo. Dicen también que la laguna tomó el nombre de un pequeño indio que se lanzó a las aguas para no salir nunca más de ellas cuando se sintió acorralado por una partida de españoles. Lo cierto es que el lugar, en particular la laguna, se consideró siempre maldito.

Por años nadie vivió cerca de la laguna ni trabajó en esas tierras, pero el hambre no conoce al miedo, y eso fue lo que hizo que un isleño, de apellido Godoy, se asentara allí. El hombre venía rodando y rodando de un pedazo de tierra a otro con su familia, y ya se le estaban acabando las ilusiones que había traído de Tenerife cuando años atrás, joven y recién casado, se dispuso a buscar un destino más allá del horizonte de su tierra natal.

Había estado trabajando en las vegas de tabaco de Pinar del Río. por un corto tiempo le fue bien y prosperó. Tuvo a su primer hijo y se dispuso a quedarse allí para siempre, pero vino una mala racha. El dueño de las tierras se empecinó en venderlas y lo puso en el camino real con sus pocas pertenencias y su familia. Rodando y rodando escuchó del lugar. Se decían cosas fantásticas en las que él no creía. Se hablaba de un pequeño diablillo negro, un guije maligno que se divertía ahogando a cualquiera que se bañara en la laguna. Otros decían en cambio que sólo con vivir cerca del lugar embrujado estaba uno a merced del dichoso duende. Godoy y su familia tenían mucha necesidad de esas tierras para estar creyendo en cuentos de fantasmas o aparecidos. Fuera lo que fuera lo sacarían y pondrían a producir la tierra. Con esta idea fija en su mente se encaminó el hombre hasta donde vivía el señor feudal dueño de aquel espacio que tanto necesitaba.

Cuando Godoy le explicó al latifundista que se proponía cultivar las tierras cercanas a la laguna de Itabo si se las arrendaba, el hombre no pudo ocultar su alegría. Hacía mucho que nadie de por allí quería trabajar en el lugar y era un suelo fértil. Sin preguntar mucho, le dio su permiso para instalarse y le dijo que luego harían los arreglos necesarios. Godoy estaba necesitado de un lugar y el dueño de alguien con el coraje suficiente para poner a producir aquel lugar.

Godoy y su familia levantaron su rancho y comenzaron a limpiar y sembrar la tierra. Trabajaron mucho y la cosecha fue buena. El dueño elogió el esfuerzo del isleño y los vecinos más cercanos comenzaron a visitarlos. A una buena cosecha siguió otra mejor. Y a ésta otra todavía mejor. Los que visitaban a la familia podían apreciar que vivían holgadamente, aunque sin lujos. Parecía tan extraño que alguien finalmente hubiese podido instalarse en el sitio y hacerlo

producir que comenzaron las murmuraciones malintencionadas. Se dijo que Godoy estaba acumulando tanto dinero que lo habían visto de noche enterrando una botija llena de monedas de oro en el maizal. Dijeron también que podía hacer todo esto porque estaba en tratos ocultos con el guije de la laguna. No faltó quién asegurara que el hombre llevaba cada dos días una vaca a la laguna para que comiera el diablillo del agua. Pero las cosas no pararon ahí y llegaron a asegurar que la mujer del isleño era una bruja. Hubo quién juraba haberla visto volando en una escoba en una noche de luna llena. Así se fue alimentando el odio y la envidia de los vecinos de Godoy, el hombre que vino de tan lejos a lograr lo que ninguno de ellos pudo.

Una mañana, cuando la esposa del isleño fue al corral, notó que faltaba su mejor gallina. Aunque la buscaron por todos lados no apareció. Pero otro día fue un racimo de plátanos, y otro un cerdo pequeño. Cada vez que el hombre y su familia preguntaban a sus vecinos más cercanos si habían visto a algunos de los animales perdidos estos les respondían que de seguro lo había robado el guije asesino de la laguna. Lo que colmó la paciencia del isleño fue el día que se robaron la ternerita. Dicen que se puso tan furioso que él mismo se pegaba contra las paredes de la casa. Esa noche, a pesar de las súplicas de su esposa, Godoy decidió enfrentarse con el "guije". Se quedaría de guardia en la maleza que rodeaba el rancho y el que viniera a robarle, hombre o guije, tendría que vérselas con él. Su hijo le pidió acompañarlo, pero el hombre se negó. Él sólo se las vería con lo que fuera, porque no estaba dispuesto a seguir perdiendo su trabajo, ni a mudarse a otra parte.

Luego de que cenaran los tres juntos, la esposa y el hijo se fueron a la cama mientras el hombre con un madero en la mano se perdía en la maleza. A la mañana siguiente al ver que no venía a tomar el café, su hijo fue a buscarlo al campo pero no estaba. Alarmado, buscó a su madre y ambos estuvieron de un lado a otro sin resultado hasta que fueron a la laguna. Allí lo encontraron. Tenía tantos golpes que no parecía el mismo. Fue toda una desgracia no solo por la muerte de Godoy, sino también por todos los comentarios que surgieron. Se dijo que el guije asesino era el culpable, que se había cansado de su socio, que deseaba seguir siendo el único dueño del lugar. La verdad de lo sucedido se pierde en la memoria del tiempo. Dicen que la familia del isleño regresó a Tenerife, pero lo cierto es que hasta el día de hoy, nadie más ha querido vivir cerca de la misteriosa laguna.

The Guije of Laguna de Itabo

A story from Cuban oral tradition retold by Elvia Pérez. Cubans from Tenerife are called "islanders" in these stories.

It is said that this story happened many years ago in a place known as Laguna de Itabo. It is said also that the lagoon took its name from an Indian who, feeling cornered by the Spaniards, dove in and never came out. The fact is that this spot, particularly the lagoon, has always been considered a place of bad luck.

For many years, nobody lived close to the lagoon or worked on its surrounding lands. But hunger knows no fear, and that's exactly the reason Mr. Godoy, an islander, established himself there. The man had been moving on with his family from one piece of land to another. He was running out of the illusions he had brought with him a long time ago from Tenerife. He had been young then and recently married, and he had decided to find his destiny beyond the horizons of his birthplace.

He had been working at the tobacco fields at Pinar del Río. During the short time he was there, he did very well. He had his first son and was ready to remain there permanently when things started to go wrong. The owner of the land decided to sell, putting the man and his family with their few belongings out on the road. Traveling on, he heard about Itabo Lagoon. He heard all sorts of fantasies that he didn't believe. They told of a little black devil. A malignant *guije* who enjoyed drowning anyone who dared swim at the lagoon. Others said that just by living near that haunted place, one put oneself at the mercy of the infamous goblin.

Godoy and his family were in such need of those lands that he couldn't afford to believe in stories of ghosts or goblins. No matter what happened, he would get rid of whatever creature was there and start working the land. With this idea set in his mind, he went to see the landlord, the feudal owner of the land that he needed so badly. When Godoy explained that he wanted to cultivate the land that was close to the Laguna de Itabo and asked if he could rent it, the owner couldn't hide his joy. It had been a long time since anybody wanted to work that place, and the soil was fertile. Without asking questions, he granted his permission for the Godoys to settle there. The landlord told him that they would later make the necessary arrangements. Godoy was in need of a place to call his own, and the landlord was in need of someone with sufficient courage who could put those lands to work.

Godoy and his family built their hut and started to prepare the soil and to sow. They worked very hard and had a good harvest. The landlord praised him for his effort, and the neighbors started to visit them. One good harvest was followed by another even better one. And this one was followed by one even better still. The people who visited could see that the family lived comfortably, although without luxury. It seemed so strange that somebody finally could have settled on that place and made it work. Very soon the bad-intentioned gossip started. It was said that Godoy was making so much money, they had seen him burying a jug full of golden coins in the cornfield. They also said that he had been able to do all this because he had secret dealings with the lagoon's *guije*. There was even one who affirmed that every two days Godoy would take a cow to the lagoon for the little devil to eat. But things didn't end there. They claimed that the islander's wife was a witch. Many swore they had seen her mounting a broom and flying on a full moon's night. That's how envy and hatred kept growing in Godoy's neighbors—Godoy, the man who had come so far to achieve what none of them could do.

One morning, when the islander's wife went to the chicken pen, she noticed that her best chicken was missing. They looked everywhere but couldn't find it. Another day it was a bunch of plantains, and another day, a small pig. Every time they asked their closest neighbors if they had seen any of these lost things, they replied that certainly it had been the murderous *guije* that stole them. When the little calf was stolen, Godoy's patience came to an end. It is said that he became so furious, he pounded on the walls of the house. That night, even though his wife begged him not to, he decided to confront the *guije*. He would remain on guard among the weeds that surrounded their house, and if someone or something came to rob them, human or *guije,* they would first have to deal with him. His son wanted to stay with him, but Godoy refused. He alone was going to deal with whatever he had to, because he was not willing to keep losing his work or to move somewhere else.

After the three of them had dinner together, his wife and son went to bed while Godoy, with a wooden club in his hand, disappeared into the underbrush. The next morning, his son noticed that his father was not coming to have his coffee as usual. He went looking for him at the farm. He became worried and with his mother searched everywhere until they reached the lagoon. There they found him. He was beaten so badly that he didn't even look like himself. It was a real disgrace—not only because of the death of Godoy but because of the rumors that emerged from the episode. It was said that the murderous *guije* was the one to blame. It was said that the *guije* got tired of his partner, that he wanted to remain the sole owner of the lagoon. The truth of what happened is lost in the memory of time. It is said that the islander's family returned to Tenerife. And to this day, nobody else has ever again wanted to live close to that mysterious lagoon.

Ma Catalina y el guije

Mito cubano del guije en versión de Elvia Pérez. El festejo de San Juan es una tradición que viene de España. Es un santo del santoral católico y se celebra los días 24 de junio. Por alguna razón que el tiempo hizo olvidar, ese es el día en que los guijes se manifiestan con mayor fuerza, se hacen visibles, salen a divertirse en los festejos cambiando su condición fantástica en humana.

Dicen los abuelos que ya los guijes no salen, pero que antes andaban por todos lados como Pedro por su casa.

Eran tiempos duros y peligrosos, porque uno no sabía nunca que podía pasar en un encuentro con este pequeño duende. Algunos que lo vieron lo describen como un negrito chiquito, cabezón, patizambo y de boca muy grande; pero otros dicen que era un indiecito de cabellos largos y llenos de limo del río. Otros aseguran que lo vieron ante sus ojos convertirse en pájaro y los menos apuntan a que podía convertirse en sirena si lo deseaba. En lo que sí coinciden todos es en que era muy travieso, y en ocasiones maligno. Vivía metido en los charcos y ríos, pero en los días de San Juan se atrevía a caminar por cualquier lado y pobre del que se encontrara con él.

Cerca del pueblito de San Antonio de las Vueltas había una charca donde vivía un guije. Algunos lo habían visto y otros contaban lo que otros a su vez le habían contado. Cerca de esa charca en una casita humilde vivía Ma Catalina, una negra liberta, con su único hijo. Trabajaban ella y su marido para cuidar del niño. Ella lavaba ropa y el hombre cuidaba de la tierra. Por más que Ma Catalina iba a lavar ropa a la laguna casi todos los días, nunca se había encontrado con el famoso guije, por tanto no creía ni en él ni en los cuentos que se contaban de sus hazañas. Eso sí, mantenía a su hijo lejos de la laguna por si acaso.

Un día Ma Catalina tenía que llevar la ropa limpia adonde su clienta Doña Josefina. Era muy temprano y no quería despertar a su hijo para llevarlo con ella, así que se lo encomendó a su padre que estaba cultivando la tierra cerca de la casa. Ma Catalina se puso su bulto de ropa en la cabeza y se fue cantando así:

Limpia y fresca va la ropa,
Al regreso hago la sopa.

Entregó su ropa, cobró el dinero y compró fideos para la sopa que iba a cocinar. Llegó a la casa y puso la olla. Le echó papas, cebolla, un pollo y los fideos. Luego fue a despertar a su hijo. Al llegar a la puerta de la habitación el corazón le dio un vuelco. La cama estaba vacía. La buena mujer buscó alrededor de la casa, pero en vano. Salió a caminar rumbo a la laguna con un mal presentimiento.

Al acercarse, vio a su hijo sentado de espaldas sobre una piedra y con los pies metidos en el agua. Se dirigió hacia él muy molesta porque había ido a jugar justo al lugar que tenía prohibido. Mientras se acercaba observaba con sorpresa que su hijo estaba sin ropas y esto la molestó aún más. No sólo se iba sin permiso de la casa, sino que de seguro tendría un catarro por andar tan temprano sin nada puesto. Cuando ya estuvo junto al niño no lo pensó dos veces, lo puso sobre sus piernas y le dio dos buenas nalgadas. El niño no solo no lloró, sino que saltó de las piernas de Ma Catalina al agua y se hundió en ella.

Ahora sí que el terror se apoderó de la señora. Su hijo no sabía nadar y se ahogaría. Se lanzó ella también al agua a buscarlo. Nadó tratando de encontrarlo, pero en vano. Ella no encontró nada bajo las aguas. Llorando y desesperada regresó a la casa a decirle a su esposo lo sucedido. Venía casi ciega por el llanto, pero aún así logró distinguir un bulto pequeño junto a su marido en el campo. Se limpió bien los ojos y no lo podía creer: ¡Era su hijo! Y si este que estaba en casa era su hijo, ¿quién era el niño que ella había golpeado en la charca?

Esta y otras preguntas se hizo Ma Catalina desde ese día y sólo tuvieron una respuesta: ¡Había tomado por su hijo al guije! El pequeño duende negro de las aguas sí existía. Ahora cada vez que alguien en el poblado hablaba del juguetón negrito ella sonreía, porque sabía que por muy duende que fuera, era también un niño y entendía que cuando una madre está muy molesta, mejor no enfrentarse con ella.

Ma Catalina and the Guije

A Cuban tale of the guijes, *retold by Elvia Peréz. The Festival of San Juan is a tradition that comes from Spain. It is the holy day of a Catholic saint and is celebrated on June 24. For a strange reason that time has forgotten, this is the day that the* guijes *manifest more strongly, making themselves visible, coming out to have fun and changing their fantastic beings into human form.*

The elders say, that the *guijes* don't come out now, but that once they were to be found everywhere. Those were difficult and dangerous times, because one never knew what could happen if one encountered these small imps. Some people who saw one described him as a small, dark-skinned boy with a big head, who was knock-kneed and with a huge mouth. Others say he was a small Indian with long hair full of river slime. Others attest that they saw him turn into a bird right before their eyes and that he could turn into a mermaid if he so wished. What everybody agreed is that he was very mischievous, and sometimes evil. He lived in ponds and rivers, but on the Day of San Juan, he dared walk everywhere—and too bad for anyone who met him.

Close to the little village of San Antonio de las Vueltas was a pond where a *guije* lived. Some of the people had seen him, and others just repeated what had been told to them. In a humble house close to that pond lived Ma Catalina, a freed slave, with her only child. She and her husband worked hard to care for the child. She washed clothes, and he took care of the land. Even though Ma Catalina went to the pond almost every day, she had never run into the famous *guije*. This was why she didn't believe all the stories told about his escapades. But, just in case, she kept her child away from the pond.

One day, Ma Catalina had to take some clean clothes to Doña Josefina, a customer of hers. It was very early, and she didn't want to wake her son to bring him along, so she asked the child's father, who was sowing land close by, to take care of him. Ma Catalina put the bundle on top of her head and left, singing:

Limpia y fresca va la ropa
Al regreso hago la sopa.
Clean and fresh are the clothes,
When I come back, I'll make the soup!

She delivered the clothes, was paid, and bought noodles for the soup that she was going to make. When she arrived home, she put a pot on the fire. She threw in potatoes, onions, a chicken, and some noodles. Then she went to wake her child. When she got to the door of her son's room, her heart almost turned over: his bed was empty. The good woman searched around the house, but it was in vain. She went out walking toward the pond with a bad premonition. Upon arrival, she saw her son leaning back against a stone, dangling his feet in the water. She came close to him, very upset because her child went playing in a place forbidden to him. As she was getting close, she noticed that her child was not wearing any clothes! This upset her even more. Not only had he left the house without permission, he was sure to catch a cold being out so early without any clothes on. When she got close to the child, without thinking twice, she put him over her knees and gave him two hard whacks. Not only did the child not cry, but he jumped from Ma Catalina's lap into the water! Now she really was scared, because her child didn't know how to swim and would drown for sure. She jumped in the water after him. She swam trying to find him, but it was in useless. She wasn't able to find anything below the waters. Crying desperately she went back home to tell her husband what had happened. She was almost blind from crying, but even so, she was able to see a little bundle next to her husband in the fields. She wiped her eyes and then couldn't believe it. It was her son! But if this was his son, who was the other child that she had spanked at the pond?

This and other questions Ma Catalina asked herself from that day on. There was only one possible answer: she had mistaken the *guije* for her child! The little dark imp from the waters really existed. After that, every time somebody talked about the young *guije,* she would smile. Because she knew that even if he was an imp, he was still a child and understood that if a mother is upset, you'd better not mess with her!

Note: For music, see page 112.

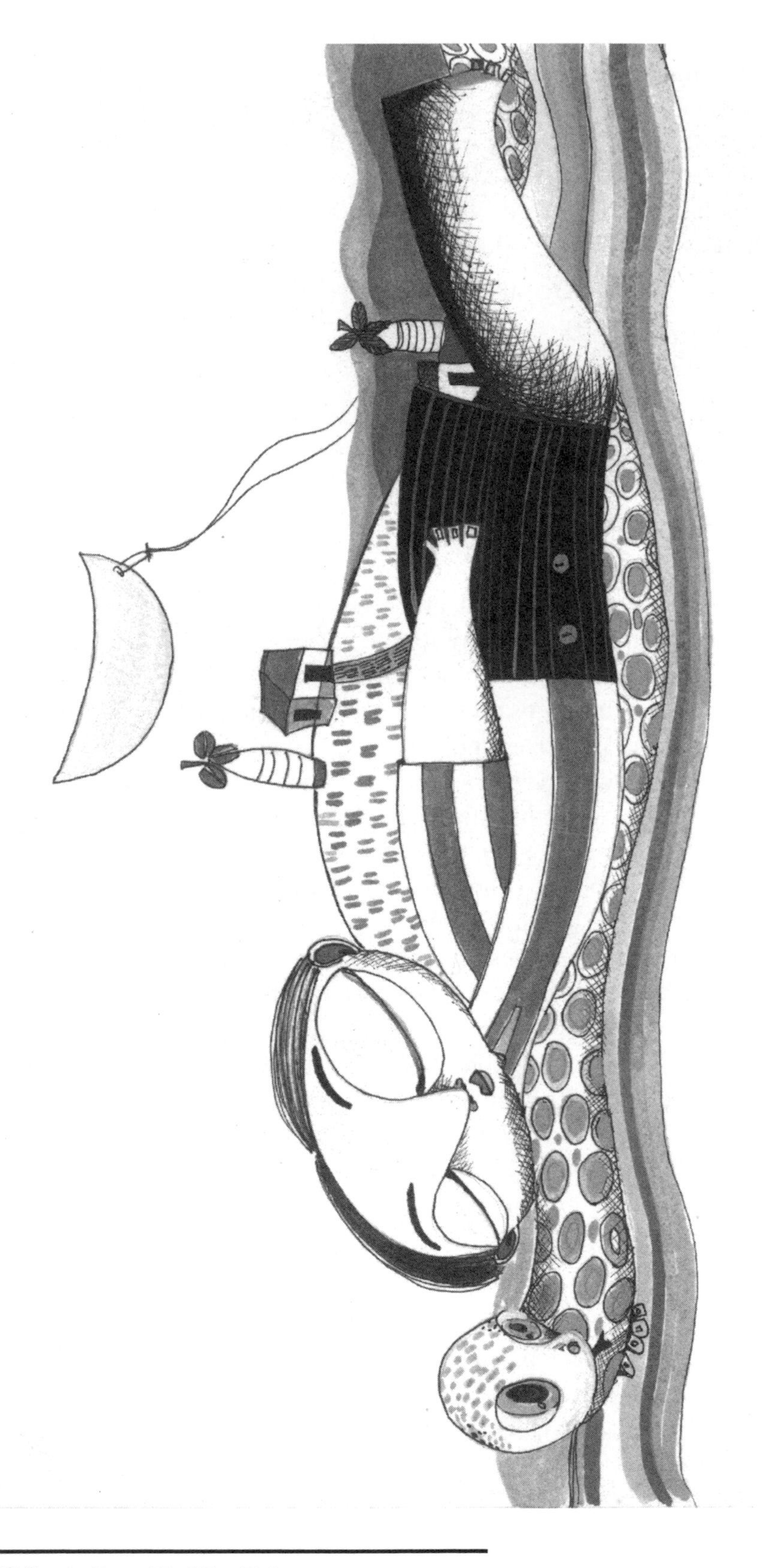

Etanislao y la Madre de Aguas

Uno de los mitos cubanos es el referido a la llamada "Madre de aguas" y se refiere a una enorme serpiente con tarros en la cabeza que habita en los ríos. Este reptil gusta del olor a la leche materna y su cuerpo es tan ancho que podría tragarse un hombre entero. Cuando va a morir se dirige al mar, hecho que se relaciona con la historia de Etanislao. Versión de Elvia Pérez.

Desde pequeñito Etanislao era dormilón. Su madre llegó a preocuparse seriamente y lo llevó al doctor. El galeno lo examinó de arriba para abajo, pero no encontró ninguna enfermedad que justificara el sueño del muchacho.

Con el tiempo, todos en la casa, incluida la madre, llegaron a acostumbrarse a que Etanislao durmiera tan profundamente y por tanto tiempo.

Cuando se hizo un hombre y tuvo que trabajar, le costaba tiempo e ingenio a su esposa levantarlo de la cama. Unas veces tocaba una olla cerca de su cabeza, otras le tiraba una palangana de agua en la cara y otras veces no le quedaba más remedio que gritar: ¡Fuego! Así cada día lograba despertar al dormilón para ir a cumplir con su deber. Al regresar a la casa tenía tanto sueño que más de una vez se quedaba dormido comiendo en la mesa.

En cierta ocasión llegó un aviso a la casa de Etanislao. Su compadre necesitaba su ayuda para reparar el techo que se mojaba. Le pedía de favor que llegara temprano y que no se quedara dormido.

Etanislao, para poder cumplir con su compadre, decidió salir de su casa después de comer, temiendo que si se acostaba, el pesado sueño no le dejaría estar temprano en el lugar. Apenas terminó de comer, se despidió de su esposa y se puso en camino ya que la casa de su compadre quedaba lejos y él había dado su palabra que llegaría a tiempo. A medida que se adentraba en la arboleda rumbo a la casa de su compadre sentía sus piernas más pesadas. Por más esfuerzos que hacía los ojos eran como telones que caían sin que pudiera evitarlo. Después de luchar un poco contra el sueño, se dijo a sí mismo que quizás si descansaba un rato podría reunir fuerzas para continuar.

Se sentó sobre un tronco grande que divisó en la oscuridad. No le gustaba sentarse en la tierra porque podían picarle las hormigas. Sin darse cuenta, de sentado pasó a estar acostado sobre el tronco y se quedó profundamente dormido.

Después de un tiempo, Etanislao sintió una brisa fresca y escuchó el sonido de las olas. Creyó que estaba soñando, pero una sensación de movimiento permanente lo trajo a la realidad. Cuando abrió los ojos no lograba entender qué había sucedido. Estaba en la playa y el tronco donde se había acostado se movía rumbo al agua. De un salto se puso en pie y solo entonces comprendió la realidad. Había viajado toda la noche sobre una enorme serpiente con tarros en la cabeza, una de esas ancestrales madres de aguas que buscan la playa para morir. A pesar de que estaba muy lejos de la casa de su compadre, se sintió afortunado de no haber terminado en la panza de la serpiente, que sin sentirlo ni verlo se arrastraba parsimoniosa hacia su destino.

Cuentan los hijos de Etanislao que conocieron esta historia por boca de su padre, que desde entonces su progenitor tuvo el sueño tan ligero que hasta el zumbido de un mosquito lo hacía volver a la realidad. Creen que este cambio radical se debió al susto enorme que recibió su padre después de haber viajado toda una noche dormido sobre una madre de aguas.

Etanislao and the Mother of the Waters

One Cuban myth tells of the "Mother of the Waters." It refers to a big serpent with horns that inhabits the rivers. This reptile enjoys the smell of human milk, and its body is so thick that it can swallow a man whole. When it's ready to die, the serpent goes to the ocean, and this is the event that the story of Etanislao relates. Retold by Elvía Pérez.

From the time he was little, Etanislao was always sleepy. His mother was seriously worried and took him to the doctor. The doctor looked him over from top to bottom, but he could find no illness to justify the boy's excessive sleep. As time passed, everybody in the house, including his mother, got used to the fact that he slept so soundly and for such a long time.

When he became a man and had to work, his wife needed to spend a lot of time and use many tricks to wake him. Sometimes she would bang a pot close to his head, other times she had to throw a bucket full of water in his face, and other times she had no other choice but to scream, "Fire!" Day after day, this is how she was able to wake the sleepyhead so that he could carry out his duties. When he got back home, he would be so sleepy that more than once he fell asleep while eating dinner at the table.

On one occasion, a note arrived for Etanislao. His *compadre* needed his help to repair the roof. He begged for Etanislao to be early and not fall asleep. Etanislao, wanting to please his friend, left right after dinner, fearing that if he went to bed, his heavy sleep would not allow him to get there early. As soon as dinner was over, he said good-bye to his wife and started on his way. His friend's house wasn't close and he had given his word that he would get there on time. As he was getting far into the woods toward his friend's house, he felt his legs getting heavier and heavier. As much as he tried, his eyes were like curtains that fell without him being able to do anything about it. After he fought against sleepiness for a while, he told himself that maybe if he rested for a while, he could gather more strength to keep going.

He sat down on a log that he was able to make out in the darkness. He didn't like to sit on the ground because he would be bitten by ants. He moved from sitting on the log to lying on it, without even noticing, as he fell sound asleep. After some time, Etanislao felt a cool breeze and heard the sound of ocean waves. He thought that he was dreaming, but a sense of movement brought him back to reality. When he opened his eyes, he couldn't understand what had happened. He was at the beach, and the log on which he was lying was moving toward the water. With a jump, he leaped to his feet and realized what was going on. He had traveled all night long on the back of a huge serpent with horns on its head—one of those ancient Mothers of the Water that search for water when they are ready to die. Even though he was very far from the home of his friend, he felt lucky that he hadn't ended up inside the serpent's stomach. Meanwhile, the serpent was slowly dragging itself toward its destiny without hearing or seeing him at all.

Etanislao's children tell that they heard this story from their father. Since that time, their father slept so lightly that even the flight of a mosquito would jerk him back to reality. And they think that this drastic change was due to the tremendous fright that caused him to realize he had traveled all night long on top of a Mother of the Waters.

Los guijes bailadores

Cuento de la tradición oral recogido por Samuel Feijóo en versión de Elvia Pérez.

Los guijes vivieron en Cuba desde siempre y todavía no se han ido. Sólo están escondidos esperando que se olviden de sus travesuras. Lo que sucede es que se aburrían en el fondo del río y tenían que salir a la superficie a buscar diversión. Esto fue lo que motivó que se aparecieran en las parrandas de Remedios.

Sucedió hace muchos años, cuando la isla era colonia de España. La Villa de Remedios era famosa por sus parrandas, festejo en que los dos barrios sacaban sus comparsas y competían por el premio a la mejor carroza. Se lanzaban muchos fuegos artificiales y los preparativos duraban más que la propia fiesta.

Hasta el charco de los guijes llegó el rumor de la fiesta. Curiosos, decidieron salir y buscar una forma de participar en la fiesta sin ser descubiertos. Ya conocían todo el temor que inspiraban a los que los veían. Las personas les achacaban todo tipo de desgracia a su presencia. Fue por esto que tuvieron la feliz idea de hacer una comparsa y presentarse a la competencia de los barrios para participar como parte de uno de ellos.

Lo primero que tuvieron que hacer fue ir hasta unos almacenes de ropa y llevarse algo que les sirviera, porque en el charco vivían desnudos. Después, ensayaron un cántico muy gracioso y unos pasos espectaculares de baile. Luego se fueron a ver a los organizadores y a proponerle su comparsa. En un principio no los tomaron muy en serio, pero cuando los vieron bailar y cantar accedieron. En verdad eran un espectáculo llamativo, seres pequeños de boca grande, vestidos de mil colores y bailando de forma muy llamativa.

Los guijes estaban felices, no sólo por participar en la fiesta, sino también por burlarse de los moradores del lugar que no los reconocían vestidos.

Llegó la noche de inicio de los festejos y los guijes abrían el desfile con su comparsa. Estaban tan seguros de no ser reconocidos que se atrevieron a cantar esta estrofa con la melodía de los tambores:

Quitate de la acera
que mira que te tumbo
que aquí vienen los guijes
acabando con el mundo.

La cosa hubiera terminado bien si no hubiese sido porque al pasar por la tribuna presidencial donde estaban todas las personalidades del lugar, incluido el sacerdote de la parroquia mayor, en el furor del baile empezaron a quitarse la ropa.

Cuando los guijes estuvieron todos desnudos el asombro y la indignación fue general, pero el grito mayor fue el del cura cuando dijo: - ¡A ellos, son unos guijes!

Los pobladores corrieron asustados, pero los soldados se lanzaron sobre los guijes para atraparlos. Los maliciosos duendes, rápidos como el pensamiento y riéndose se dieron a la fuga y se ocultaron en el río donde nadie podía alcanzarlos. Pero durante mucho tiempo el cura mantuvo la vigilancia estricta en el charco esperando atraparlos. Dicen que por esto los guijes se mudaron a otro lugar donde nadie los encuentre y es por eso que todavía hoy los están buscando.

The Dancing Guijes

A story from the oral tradition collected by Samuel Feijóo and retold by Elvia Pérez.

Guijes have lived in Cuba forever, and though some think they have disappeared, they are still there today. They are only hiding, hoping that people will forget about them and their mischievousness. What happened was that they were bored at the bottom of the river and had to come out to have some fun. That's why they appeared at the carnival of Remedios.

This happened many years ago, when the island was still a Spanish colony. The town of Remedios was famous for its wild carnival celebrations during which every neighborhood was represented in a parade and competed for the best entry. There were many fireworks, and the preparations took much longer than the festival itself.

The rumor about the festival even reached the *guijes'* pool. Curious, they decided to come out and find a way to participate without being noticed. They already knew how much fear they inspired in anyone who saw them. And people blamed them for every disgrace or difficulty that happened. That's why the *guijes* had the great idea of putting together their own act and entering in the competition, as if they were one of the neighborhoods.

The first thing that they had to do was go to the clothing store and get something to wear, because at their pool they never wore clothes. Then they rehearsed a funny song together with spectacular dance steps. Next they went to see the organizers and offered their entry. At the beginning, the organizers didn't take them seriously, but once they saw the *guijes* sing and dance, they agreed. It was a very striking show: little dark-skinned people, dressed in a thousand colors, dancing in a very entertaining way. The *guijes* were very happy—not only because they were going to participate in the parade, but also because they were going to fool all the villagers who wouldn't be able to recognize them in their fancy costumes.

The night of the festival arrived, and the *guijes* opened the parade with their act. So sure were they that nobody could recognize them that they dared sing this verse with the drum's melody:

Quitate de la acera
que mira que te tumbo
que aquí vienen los guijes
acabando con el mundo!

Get off the sidewalk
or I will knock you down,
here come the guijes
To finish off your town!

Everything was all right until they passed the presidential tribune where all the town's celebrities were, including the priest from the largest parish. With the furor of their dance, they started to take off their clothes. Soon the *guijes* were totally naked! Everybody was astonished and indignant. The loudest protest came from the priest, who shouted, "After them! They're *guijes!*"

The villagers ran away scared, but the soldiers jumped on top of the *guijes* to trap them. Quick as a wink, the malicious imps took flight. Laughing all the way, they escaped and hid at the bottom of the river where nobody could catch them. For a long time, the priest kept a strict guard at the river, hoping to catch them. It is said that this is why the *guijes* moved to another place where nobody could find them. And nobody has been able to find them yet.

About Cuban Gods

Afro-Cuban Gods and Goddesses

Babalú Ayé: Santo sincretizado con San Lázaro. Según la tradición oral afrocubana era un joven hermoso que murió y resucitó por voluntad de Olofi que es su Dios de la misma manera que San Lázaro. Su color es el morado.

Saint associated with Saint Lazarus, according to the oral Afro-Cuban tradition. He was a beautiful young man who died and was resuscitated by Olofi's will; the same as Saint Lazarus of the Catholic tradition. His color is purple.

Changó: Es el dios de la guerra y los tambores, hermoso y siempre conquistando tierras y mujeres. Su color es el rojo.

The god of war and drums—beautiful and always conquering lands and women. His color is red.

Elegguá: Dios dueño de los destinos, los caminos y las encrucijadas. Protege las casas y los caminos. Es niño y anciano a la vez. Sus colores son el rojo y el negro.

God who is owner of all destinies, the roads and the crossroads. Protects houses and roads. Elegguá is both a child and an old man at the same time, and his colors are red and black.

Inle: Dios del conocimiento de las yerbas y curas mágicas según la religión Afrocubana. Es deforme y cura con el uso de las yerbas que están en el monte.

God of knowledge of the herbs and magical cures according to the Afro-Cuban religion. He is deformed and cures with the herbs that are in the forest.

Obatalá: Dios que rige sobre las cabezas de los hombres y su inteligencia. Es el que procura la paz. Su color es el blanco y está cerca del Olofi, el dios supremo.

The god who governs people's heads and their intelligence. He is the one that procures peace. His color is white, and he is close to Olofi, the supreme god.

Ochosi: Dios de la caza en la religión afrocubana, sus atributos son el arco y la flecha.

God of hunting in Afro-Cuban religion. His symbols are the bow and arrow.

Oggún: Dios dueño del monte donde vive solitario y trabaja siempre forjando metales. Es un excelente guerrero y sus colores son el verde y el negro.

God and owner of the mountains, where he lives by himself and works as a blacksmith. He is a great warrior, and his colors are green and black.

Olofi: El dios supremo de la religión afrocubana. El creador de todo.

Supreme god of the Afro-Cuban religion. The creator of the universe.

Orula: Dios de la adivinación y dueño del tablero mágico. Sus colores son el verde y el amarillo.

Divination god. Owner of the magic divination board, his colors are green and yellow.

Oshun: La diosa del amor. Dueña del río y la miel. Su poder esta en su enorme belleza y dulzura. Es la menor de las diosas y la más mimada.

Goddess of love, owner of the river and of honey. Her power lies in her great beauty and sweetness. She is the youngest of all goddesses and the most pampered.

Oyá: Diosa dueña de la centella y cuida las puertas del cementerio. Es muy poderosa y seria. Se viste de nueve colores.

Goddess, owner of the lightning who takes care of the cemetery's entrances. She is very powerful and serious. She wears nine colors.

Tablero de Ifa: La religión afrocubana se basa en reglas o preceptos por lo que existe una Regla de Ifa, vinculada al dios de la adivinación que es Orula. Se adivina mediante un tablero mágico, el tablero de Ifa, que es circular, de madera y se combina para el acto de la adivinación con unos polvos mágicos llamados Ache y unas semillas de nombre Ikinis, que más modernamente han sido sustituidas por una especie de rosario grande con conchas de coco engarzados con una cadena de metal. Se lanza sobre el tablero y de acuerdo a la figura que quede sobre el mismo, nos presenta un signo. Este signo revela varias leyendas o patakies y a través de su interpretación el sacerdote puede adivinar o predecir lo que le sucederá al consultante.

The Afro-Cuban religion based on rules or precepts that exist in the Rule of Ifa, related to the divination god Orula. He foresees with the board of Ifa, a circular wooden board used for the divination process that possesses special powders called Ache and seeds called Ikinis. More recently they have been substituted by a kind of large rosary made of coconut shells strung in a metal chain. It is thrown over the board and, according to the figure it forms, it presents a sign. This sign reveals certain legends or patakies. *Through its interpretation, the priest can foresee what will happen to the person who is inquiring of him or her.*

Yemayá: Diosa dueña del Mar y creadora de la vida. Su color es el azul en todas sus variantes. Es muy poderosa y rica.

Goddess, owner of the sea, creator of life. Her color is blue in all its variations, and she is very powerful and rich.

Myths from Cuba's First People

Guije: Es uno de los dos mitos cubanos, el otro es la Madre de Aguas, y se supone que viene desde la cultura indígena casi exterminada por la colonización. Es un pequeño indio o negrito con poderes mágicos, que vive en los ríos, lagunas, pozos, charcos, etc., siempre debajo del agua, de donde sale para hacer alguna travesura. Su fisonomía cambia. Si es indio puede tener el cabello largo como yerbas del río; si es negrito tiene la cabeza sin pelos. Puede transformarse a voluntad en pez, pájaro, sirena y escapar así de sus perseguidores. En algunos lugares se asocia su presencia con algún acontecimiento desgraciado. Se supone que está vinculado de alguna manera con el San Juan católico por el sincrético cultural. Hay historias de que sólo juntando a siete hombres llamados Juan en la noche de San Juan puede ser atrapado.

This is one of the two well-known Cuban mythological characters (the other is the Mother of the Waters), believed to come from the indigenous culture exterminated by European colonization. El guije *is a small native or black person with magical powers.* El guije *lives in rivers, ponds, and puddles, always below water, and emerges to do mischievous deeds.*

The appearance of el guije *changes. If it is in the form of an Indian, it might have long hair, like river weeds. If it appears as a black person, the head will be hairless. It can transform itself at will into a fish, bird, or siren and escape its persecutors. In some places, its presence is associated in some manner with the Catholic San Juan (Saint John) through the merging of cultures over time. There are stories that say* el guije *can be caught only by six men named Juan on St. John's Eve.*

Madre de las aguas: Mito que se refiere a una enorme serpiente con tarros en la cabeza que vive en el río y va a morir al mar.

Mother of the Waters: Cuban myth that refers to an enormous snake with horns that lives in the river and goes to the sea to die.

Glossary of Cuban Terms

Awó: anciano

Old man

Batey: conjunto de viviendas de tabla y guano del campesino cubano

A simple neighborhood of tiny houses grouped together, made of wood and manure, where Cuban farmers lived

Caravali: una de las etnias que vino de África a Cuba

One of the ethnic groups that came from Africa to Cuba

Claves: troncos pequeños de madera para hacer percusión

Small wooden sticks used as percussion instruments

Compadre: el que bautiza al hijo de otro

The godfather of one's child

Ebbó: limpieza, depuración

Cleanness and purification

Guajiro: campesino

A person from the country

Guanajos: pavos

Turkeys

Guateque: fiesta de campesinos, con cantos y bailes, comida tradicional y bebida

A party among the country folk, with song and dance, traditional food, and drink

Jimaguas: los que nacen de un mismo parto y son idénticos, también hay mucha fantasía en torno a esto, se supone en la tradición afrocubana que los jimaguas son un regalo de los dioses, que tienen poderes especiales y que pueden hacer cosas que otros seres normales no podrían.

Identical twins. There is a lot of fantasy around them. It is believed in Afro-Cuban tradition that the jimaguas are a present from the gods and that they have special powers and can do things that normal people cannot.

Jodía: específicamente en "El baile sin cabeza," quiere decir "de ninguna manera!"

In the story "The Headless Dance," the term "ni a jodia" means "absolutely not" or "no way!"

Monte: floresta, conjunto de árboles y plantas

Forest, place full of trees and plants

Obi: el coco

Coconut

Oñí: miel

Honey

Omiero: aguas con diversas hierbas y que tienen poderes mágicos

Water with diverse herbs that have magic powers

Patakí: cuento de la tradición oral afrocubana

A form of Afro-Cuban folktale

Tamales: plato confeccionado con harina de maíz y cocido en sus propias hojas

A dish made of corn flour and cooked in its own leaves

Totí: Es un pájaro pequeño y de color negro, aficionado a comer el maíz y del cual se dice que es un pájaro "que no canta ni come fruta," para decir que no hace nada de lo que se espera que haga un ave, que es adornar la vida cantando, pero que sí hace daño comiéndose los sembrados de arroz. También se dice que "la culpa de todo la tiene el totí," porque a partir de esto, se le acusa de afectar cualquier tipo de sembrado aunque sean otros pájaros los que lo han hecho. Es un personaje popular en nuestra tradición oral por todo esto.

A small black bird that eats corn. It is said that the totí "doesn't sing or eat fruit" as a way of saying that it doesn't do anything that a bird is supposed to do, like brightening life with its song. It harms the sowed lands, eating the rice plantings. It is also said that the totí is to blame for everything, because he is blamed even if other birds are the ones that eat the sowings. The totí a popular character in Cuban oral tradition.

Wemilere: fiesta

Party

Tale Notes

Motif numbers referred to here are from the Stith Thompson *Motif-Index of Folk-Literature* (Bloomington: Indiana University Press, 1966) and from *The Storyteller's Sourcebook: A Subject, Title, and Motif Index to Folklore Collections for Children* by Margaret Read MacDonald (Detroit: Neal-Schuman/Gale Research, 1982) and *The Storyteller's Sourcebook: A Subject, Title and Motif Index to Folklore Collections for Children. 1981–1999* by Margaret Read MacDonald and Brian W. Sturm (Detroit: Gale Research, 2001). Type numbers when given are from *The Types of the Folktale* by Anntti Aarne and Stith Thompson (Helsinki: Suomalainen Tiedeakatemia Acadameia Scientarium Fennica, 1961). Type and motif numbers were taken also from Helen L. Flowers, *A Classification of the Folktale of the West Indies by Types and Motifs* (New York: Arno Press, 1980.

El mentiroso
The Liar

Retold by Elvia Pérez from the oral tradition. This is related to Motif *H591 Countertasks. When a task is assigned, the hero agrees to perform it as soon as the assigner performs a certain other task.*

El hombre más mentiroso del mundo
The Biggest Liar in the World

This story is retold from the oral tradition by Elvia Pérez. Tales of big liars are known around the world. The basic motif here of teaching an animal to do the impossible over time has several variants. Stith Thompson *K551.11 Ten (five) year respite given captive while he undertakes to teach elephant (ass) to speak. Captive explains to friend that in that time the captor, the elephant (ass), or himself is likely to die.* Also: *K491 Trickster paid to educate an ass. He gets paid in advance. He gradually starves the ass.* Sources cited in Stith Thompson are an Italian novella, Indian tales, and Turkish tales of

Nasreddin Hodscha. MacDonald cites a Tyll Eulenspiegel variant and an Italian version. Other motifs in this tale are *X1020 Remarkable possessions of remarkable man. B81 Mermaid. Woman with tail of fish. Lives in sea. B81.2 Mermaid marries man.*

El hombre más haragán del mundo
The Laziest Man in the World

A Cuban folktale retold by Elvia Pérez. *W.111.5.10.1 Lazy man is being taken to poorhouse or out of town or to cemetery to be buried alive. The group take pity on him, offer him various articles to help him get started again. One offers a bushel of corn. The lazy one rises up from the bottom of the wagon or coffin where he has been lying: "Is the corn shelled?"* Stith Thompson cites Canadian and U.S. versions of this. A Turkish tale tells of a man too lazy to cut the rope about to hang him. *W111.1.2 Man will not lift knife to cut rope about to hang him.* MacDonald cites a tale from Moldavia, W*111.3.10.1.1* Lazy man taken to be drowned. Rich woman offers to let live in her barn full of toast. Refuses unless she provides someone to spread honey on it. Too lazy to swim, he drowns.* And notice the twist on the tale in this Bulgarian version. *W111.5.10.1.2* Lazy man has self buried. Man passing procession offers corn to help him get started. He refuses unless it is ground. Trickster disguised as devil makes "dead" man work all night. He leaps from grave and goes back home to work.* Flowers cites versions of this *W111 Laziness* from the Dominican Republic and Haiti.

El campesino y su caballo
The Farmer and His Horse

A Cuban folktale retold by Elvia Pérez. *J1900 Absurd disregard or ignorance of animal's nature or habits.* Many stories on this theme are cited in Stith Thompson, but none quite like this horse-tied-to-train motif.

El hada del río
The Fairy of the River

A folktale from the oral tradition of San Antonio de las Vueltas retold by Elvia Pérez. This is one of the world's most widespread folktale types. The Aarne-Thompson Type Index assigns this *Type 480 The Spinning-Woman by the Spring. The Kind and the Unkind Girls.* They cite versions from Ireland, Norway, Germany, Finland, Estonia, Livonia, Lithuania, Lapland, Sweden, Norway, Denmark, Iceland, England, France, Spain, Austria, Italy, Sicily,

Hungary, Rumania, Slovenia, Poland, Russia, Greece, Turkey, India, Indonesia, and the West Indies, among others. MacDonald *Motif Q2.1 Kind and Unkind Girls* cites variants from France, England, Norway, Italy, Switzerland, Serbia, Ceylon, Germany, Ireland, Appalachia, Russia, India, Xhosa, West African, Japan, Haiti, Poland, Estonia, Latvia, Greece, Bulgaria, and Czechoslovakia. Flowers cites versions of *Type 480* from Grenada, St. Lucia, Dominica, Guadaloupe, St. Kitts, Haiti, Puerto Rico, Andros, Jamaica, and the Dominican Republic.

For in-depth study of this tale, see Warren Roberts, *The Tale of the Kind and the Unkind Girls: AA-TH 480 and Related Titles* (Detroit: Wayne State University, 1958). Roberts cites several Spanish-American variants of this tale, including some from Puerto Rico and the Dominican Republic. He also cites Afro-American variants from Grenada, Haiti, Saint Lucia, Martinique, St. Kitts, Guadaloupe, Jamaica, and the Dominican Republic. This Cuban tale in which the unkind girl reforms, is unusual. The unkind girl most often meets a cruel fate.

Los caminos de la isla
The Roads of the Island

An Afro-Cuban folktale collected by Lydia Cabrera and by Samuel Feijóo. Retold here by Elvia Pérez. This is *Motif K3.1 Relative substitutes in contest.* Stith Thompson cites a Hottentot variant of this motif. In a tale told to this author by Won-Ldy Paye, a Liberian teller of the Dan people, two mountain ogres assume identical disguises and enter a dance contest against Anansi the spider. Taking turns, they defeat Anansi. Note the similarity of this motif to *K11.1 Race won by deception, relative helpers.* In that familiar tale, the hero's relatives hide along the raceway and call out as the hare (or other fleet-footed) animal passes by. The tale is also related to *K606.2 Escape by persuading captors to dance.* Other motifs are: *T685.1 Twin adventurers. Z211 Dreadnaughts. Brothers deliberately seek dangers they have been warned against. C614 Forbidden road. M210 Bargain with devil. K210 Devil cheated of his promised soul. The man saves it through deceit.*

La creación del mundo
The Creation of the World

An Afro-Cuban myth related here by Elvia Pérez. This myth contains motifs *A15.1 Female creator; A32.2 Creator's daughter; A420.1 Water-goddess; A1310.2 Assembling the body; and A1480 Acquisition of wisdom and learning.* The goddess's anger at not being invited to the party reminds of motif *F361.1.1 Fairy takes revenge for not being invited to feast.*

Elegguá, dueño de los caminos
Eleggúa, Lord of the Roads

An Afro-Cuban folk tradition retold by Elvia Pérez. Related motifs: *A413 God of road. A413.1 God of cross-roads.* Stith Thompson cites Irish tales. *D1645 Self-luminous objects.* Kenneth Clarke, *A Motif—Index of the Folktales of Culture—Area V West Africa* (University Microfilms International reproduction of Ph.D Thesis, Indiana University, 1958) cites an Ekoi version of a luminous incandescent jewel. *D1035.2 Magic coconut (as food). D985.1 Magic coconut-shell. D1311 Magic object used for divination. D1311.9 Coconut shell answers questions. Sinks for yes, floats for no. D451.3.2 Transformation: coconut to philosopher's stone.* Thompson cites version from India.

Oshún, la dueña del oñi
Oshún, the Keeper of Honey

An Afro-Cuban myth retold by Elvia Pérez. *D1037 Magic honey.* Although Oshún's honey was not specifically magic, it did cause a magic effect on her father. *C119.1 Tabu: sexual intercourse at certain time.*

Las invencibles
The Invincible Women

An Afro-Cuban tale retold by Elvia Pérez. *F565.1 Amazons: women warriors. F565.2 Remarkably strong women. P252.1 Two sisters.*

La mona
Ms. Monkey

An Afro-Cuban folktale collected by Martha Esquenazi Pérez. Retold by Elvia Pérez. Several motifs seem related to this story: *B786 Monkeys always copy men. B611.6 Monkey paramour. B601.7.1 Person plans to marry monkey. K1839.3 Monkey dresses in dead mistress's gown; frightens household. K1810.1 Disguise by putting on clothes (carrying accoutrements) of certain person. H151.6.2 Recognition because of imperfection of disguise.* Although the following motif is not about a monkey, it seems closely related to the Cuban tale. *K1918 Monster disguises and wins girl. Borrows wedding garments one by one; later returns them one by one and reveals monster form.* Stith Thompson cites versions of this tale from Jamaica and the West Indies. Flowers cites versions of *K1918* from Martinique in which a monkey (or lizard) dons human clothes to marry a human girl. The cock sings and causes monkey's cloths to fall off.

Las garzas
The Herons

This story is very similar to a Mende folktale from West Africa that was retold by Margaret Read MacDonald in her picture book *Tuck-Me-In Tales* (Little Rock, AR: August House, 1996) and in *Look Back and See: Twenty Lively Tales for Gentle Tellers* (New York: H. W. Wilson, 1991, pp. 24–36). That tale, "Kanji-Jo, the Nestlings," was retold from *Royal Antelope and Spider: West African Mende Tales* by Marion Kilson (Cambridge, Mass.: Press of Langdon Associates, 1976) and from *Defiant Maids and Stubborn Farmers: Tradition and Invention in Mende Story Performance* by Donald Consentino (Cambridge, England: Cambridge University Press, 1960). The tale is similar in some ways to *Z32.3.2.1 Mouse seeks singing husband,* in which a mouse meets suitors and asks them to sing so she can choose the best. That tales has Turkish, Arabic, and Latin American variants.

El baile sin cabeza
The Headless Dance

An Afro-Cuban folktale collected by Samuel Feijóo. Retold by Elvia Pérez. This tale contains motifs: *K1000 Deception into self-injury. G520 Ogre deceived into self-injury. K890 Dupe tricked into killing himself.*

Ambeco y Aguatí
Ambeco and Aguatí

This story, told by the Caravali, was collected by the Cuban researcher Fernando Ortiz. The motif of a small animal tricking a larger in a race with the aid of look-alike relatives is found around the world. The use of a song repeated at each spot appears in several Caribbean variants. Compare this tale with "Toad and Horse" in Diane Wolkstein's *Magic Orange Tree and Other Haitian Folktales* (New York: Knopf, 1978). *K11.1 Race won by deception: relative helpers. One of the contestants places his relatives (or others that resemble him) in the line of the race. The opponent always thinks the trickster is just ahead of him. (Told of animals or men; often of the hare and the turtle).* MacDonald cites sources from India, Germany, Poland, Brazil, Native American (Cherokee, Iroquois), West Indies, Haiti, Luban (Congo),

East Africa, African American (South Carolina), Ceylon, Philippines, Jamaica, and Indonesia. MacDonald-Sturm add variants from Egypt, Greece, Mexico, Guatemala, Native American (Pueblo), and Thailand.

El gallito Kikiriki
The Rooster Kikiriki

A Cuban folktale retold by Elvia Pérez. *Z111 Death personified. D185 Mortal fights with "Death."* In this case, a rooster fights with death. This story is reminiscent of those under *B331 Helpful animal killed through misunderstanding*. In those stories, however, the pet is killed trying to protect its owner. Note that in the Spanish language and culture, Death is feminine.

La bruja enamorada
The Witch Who Was in Love

A Cuban folktale retold by Elvia Pérez. This tale contains several familiar witch motifs, but the resolution in which the man and community accept his wife as a witch is unusual. *G286 Initiation into witchcraft. G242.6 Witch uses magic aids for flying. D1531.8 Witch flies with aid of word charm. D1901 Witches induce love.*

El guije de la laguna de itabo
The *Guije* of Laguna de Itabo

A Cuban folktale retold by Elvia Pérez. Related motifs: *C615.1 Forbidden lake. F934 Extraordinary occurrences connected with lakes. G308.2 Water monster. F420.5.2.1 Water-spirits lure mortal into water.*

Ma Catalina y el guije
Ma Catalina and the *Guije*

A Cuban folktale retold by Elvia Pérez. Stith Thompson cites a German tale with *F420.1.1.2 Water-spirit as black man.* Thompson cites tales from Austria, Germany, and France with *F420.1.4.3 Water-spirits as dwarfs.* Thompson cites German, French, and Dutch versions of *F420.4.6 Water-spirits are nude.* Thompson cites Danish and Livonian sources for marsh spirits. *F422 Marsh-spirit.* Changelings are fairies taking the place of a human child. This motif bears resemblance to our story, but the Cuban tale has an interesting twist in that the child was never stolen in the first place, and it was only a case of mistaken identity. *F321.1.1.7 Whipping causes changeling to betray his nature.*

Etanislao y la madre de aguas
Etanislao and the Mother of the Waters

A Cuban folktale retold by Elvia Pérez. This tale contains many universal motifs, but the combination of lazy man and sea-serpent is unusual. Motifs include: *D1960.1.1 Mighty sleeper. D1976.1 Transportation during magic sleep. W111.4 Lazy husband. B91.3 Horned snake. B91.5 Sea-serpent. G308 Sea (lake) monster. B16.9 Devastating (man-eating) sea-monster (serpent). J1769.1.2 Serpent is taken for an island (in this case for log).*

Los guijes baliadores
The Dancing *Guijes*

A traditional folktale collected by Samuel Feijóo and retold here by Elvia Pérez. The carnival element here is unusual. Related motifs are: *F237 Fairies in disguise. H151.6.2 Recognition because of imperfection of disguise. K1987 Devil disguised as man goes to church. K1810.1 Disguise by putting on clothes (carrying accoutrements) of certain person.*

Bibliography

For other versions of some of the folktales included in this book, see the following resources.

Cuentos populares Cubanos de humor by Samuel Feijóo. La Habana, Cuba: Editorial Letras Cubana, 1981.

Cuentos negros de Cuba by Lydia Cabrera. La Habana, Cuba: Editorial Letras Cubana, 1995.

Los cuentos cantados en Cuba by Martha Esquenazi Pérez. La Habana, Cuba: Centro de Investigación y Desarrollo de la Cultura Cubana Juan Marinello, 2002.

Mitología cubana by Samuel Feijóo. La Habana, Cuba: Editorial Letras Cubana, 1996.

Index

About the Author, Translator, and Editor

ELVIA PEREZ, a world-renowned storyteller, storytelling advocate, author, and journal editor, has served on the Cuban National Cultural Counsel for more than two decades and worked extensively on storytelling programs for Cuban television. Elvia has received numerous honors for her contributions in the cultural arena, including the Cuentacontigo award, for which she was chosen by the public as their favorite performer, and the Brocal award, granted by the Biennal de Oralidad to honor her artistic career.

PAULA MARTIN is a teacher, writer, and storyteller who performs in schools and community centers in her native Argentina and at festivals in Argentina, Cuba, and the United States.

MARGARET READ MACDONALD is an award-winning author, editor, storyteller, and former librarian. She also serves on the Libraries Unlimited World Folklore Series Advisory Board.

Recent Titles in the World Folklore Series

The Magic Egg and Other Tales from Ukraine
Retold by Barbara J. Suwyn, Edited by Natalie O. Kononenko

Jasmine and Coconuts: South Indian Tales
Cathy Spagnoli and Paramasivam Samanna

When Night Falls, Kric! Krac!: Haitian Folktales
Liliane Nérette Louis, Edited by Fred Hay

The Enchanted Wood and Other Tales from Finland
Norma J. Livo and George O. Livo

A Tiger by the Tail and Other Stories from the Heart of Korea
Retold by Lindy Soon Curry, Edited by Chan-eung Park

The Eagle on the Cactus: Traditional Stories from Mexico
Retold by Angel Vigil

Tales from the Heart of the Balkans
Retold by Bonnie C. Marshall, Edited by Vasa D. Mihailovich

The Celtic Breeze: Stories of the Otherworld from Scotland, Ireland, and Wales
Heather McNeil, Illustrated by Nancy Chien-Eriksen

Gadi Mirrabooka: Australian Aboriginal Tales from the Dreaming
Retold by Pauline E. McLeod, Francis Firebrace Jones and June E. Barker, Edited by Helen F. McKay

Folktales from Greece: A Treasury of Delights
Retold by Soula Mitakidou, Anthony L. Manna with Melpomeni Kanatsouli

Indonesian Folktales
Retold by Murti Bunanta, Edited by Margaret Read MacDonald

Tales from the Taiwanese
Retold by Gary Marvin Davison

Additional titles in this series can be found at www.lu.com